公安外事警察の正体

警視庁公安部外事課OB
勝丸円覚
Katsumaru Enkaku

中央公論新社

まえがき

日本の市街地を歩きながら、「このなかに、スパイが何人いるだろう」という考えが、脳裏に浮かぶ人は、あまりいないだろう。「どこかにテロリストが潜んでいるかもしれない」と想像する人も、ほとんどいないはずだ。ニューヨークやパリだったら、そう思うことはあっても、東京や大阪、まして京都や日光などの観光地で、スパイやテロに思いが向かうことはあまりない。

しかし、いるのだ。渋谷のハチ公前交差点は、一日あたり20万人以上ともいわれる膨大な人通りに紛《まぎ》れて、スパイたちの待ち合わせや監視に、頻繁に使われている。京都などの外国人が好む場所は、観光客を装ったスパイたちの集合場所《ランデブーポイント》だ。ドイツで拘束されたテロリストの過去の履歴を調べたところ、日本に複数回滞在していたという事実が発覚したこともある。スパイもテロリストも、日本のどこかに常にいて、何らかの計画を抱いて動いている。東京は、ロンドンやブリュッセルといった世界的な大都市と同じように、彼らの活動場所なのだ。

だから、彼らの行動を追尾《ついび》し、不正な情報漏出を阻止したり、破壊活動を未然に防止するためのチームが、日本にも必要だ。それが、「外事警察」と呼ばれる、警察の部門である。外国のスパイによる諜報活動を摘発・防止し、テロリストに活動をさせないようにする、それが任務だ。外事警察は各都道府県に存在しているが、なかでも予算・人員の規模で最も大きいのが、私がかつて所属していた警視庁公安部外事課である。

取り扱う事件の性質上、外事警察の実態は、秘密のベールに包まれている。いったいどんな人物が外事警察に所属することになるのか。どういった職務に従事しているのか。ドラマ『ＶＩＶＡＮＴ』（ＴＢＳ系、２０２３年７月〜９月放映）で描かれたように、海外での任務に就くことはあるのか。もし就いているとしたら、どういう姿で任務を遂行するのか。

こうした、外事警察という生き方を、これからお伝えしてみよう。私が監修した『ＶＩＶＡＮＴ』では、俳優の阿部寛さんが、警視庁公安部外事四課に所属する警察官として描かれているが、自衛隊の秘密組織「別班」と同じように、その存在はフィクションではない。では、外事警察のリアルとはどういうものか？

　本書では、私自身の経験と、先輩方から伝えられた歴史をもとに、私なりの外事警察像を描いている。


　警視庁公安部外事課ＯＢである私が、なぜ秘密にされてきたこの組織にスポットライトを当てようとしているかというと、その必要があるからだ。

　２０１０年代後半から激しくなった米中貿易戦争と、２０２２年に始まったウクライナ戦争によって、私たちは「新冷戦」と呼ばれる世界に突入している。それは、かつての冷戦時代と同じように、情報工作や盗み出し、ときには暗殺や破壊工作が現実の脅威として存在する世界である。

　そうした世界において、日本にも防諜活動（カウンターインテリジェンス）を行う組織があることは、もっと知られなければいけない。広く知られることが、社会に害をなす活動の抑止にもつながる。

　さらにもうひとつの理由は、経済スパイなどの目的や手口を、知っていただきたいからだ。その意味で、この本は、経済安全保障についてのレポートでもある。しばしば企業の情報漏洩事件が起きるが、経済スパイはどうやって企業に潜り込み、何を盗み出そうとするのか。「新冷戦」における企業経営で、このリスクは無視できないはずだ。

外事警察の実態とその生き方を描き出すことは、リスキーだ。しかし、知ってもらう価値は必ずある。知られざるカウンターインテリジェンスという生き方を、これからお話ししよう。

公安外事警察の正体

目次

第2章　公安捜査官のキャリアと日常

装幀　松田行正＋杉本聖士

公安外事警察の正体

第1章

日本は「スパイ天国」

「ランデブーポイントは東京」

スパイにとって、日本ほど活動しやすい国はない。人波の激しい都会に紛れ込んでしまえば姿をくらましやすいし、交通機関は時間を乱すことなく運行され、シームレスに乗り換えれば、尾行を撒《ま》くのも容易だ。武装している人もほとんどいない。なにより、スパイ活動をしているだけでは捕まらない。

これがアメリカだったら、スパイ行為ではないかと少しでも疑われたとたん、監視や追尾の対象になる。令状なしの盗聴も場合によっては可能だ。中国だったら、容疑も明かされないまま拘束されることだってあるだろう。日本もそうあってほしいと望んでいるわけではない。だが、この国は、スパイがあまりにも野放しになっているのだ。

スパイにとってこんな「天国」はほかにないから、スパイ同士の接触は日本で行われる。自衛隊の情報を得ようとしているスパイと、韓国で在韓米軍の動きを追っているスパイとが、情報交換しようとするなら、場所はほぼ日本だ。日本に関する情報交換だけでなく、その他の接触もしやすいから、韓国で諜報活動を行う中国のスパイと、ベトナムで諜報活動を行う中国のスパイが、観光客のふりをして日本で合流し、情報交換をしていく。

同盟国のスパイ同士の接触も行われている。観光客を装って羽田から入国し、新千歳に飛んで札幌で密会し、旭川や釧路など別の空港からさらに地方に移動してしまえば、実態を把握することすら困難だ。

散り散りになっている人たちが、あらかじめ「ここで会おう」と決めておく場所を、ランデブーポイントというが、日本はまさにそれだ。そんなスパイに対して、防諜活動(カウンターインテリジェンス)を行っているのが、公安警察、なかでも外事警察といわれる組織である。この一員であった私にとって、日本がスパイ天国という現実は、歯噛みするほど悔しい。一方で、これにはやむを得ない制度的な事情が大きくのしかかっている。

「新冷戦」と言われる世界情勢のなかで、「日本はこのままでいいのか」という議論も再び聞かれるようになってきた。だが、日本がスパイ天国だというのは、最近になって言われ始めたことではない。

古いところで、1961年には、前田正男議員が衆議院予算委員会で法務大臣に質問している。少し引用してみよう。

世間一般に、わが国はスパイ天国だと言われておる。なるほど考えてみますと、スパイに対しまする取り締まり的なものは何もありません。こういうようなことでは、私たちの国がこれから考え方も違う国々とつき合っていかなければならないそういうときに、やはり私たちは国内のスパイ活動というものに対しましては十分な体制を整えないことには、内政干渉してはいけないといっても、彼らはこれを利用していろいろな運動をやる可能性が非常に多いのであります。

（第38回国会衆議院予算委員会、1961年2月18日）

スパイに対する取り締まり制度が日本にはなく、体制を整えなければ、彼らは内政干渉にあたるような工作をやってくるだろう——ここで議員が指摘しているのは、「中共問題」の文脈だ。当時の日本政府は、まだ国民党政府（台湾政府）を中国の正統な政府とみなしていて、「中共」とは中国共産党、つまり現在の中国政府のことを指している。このスパイが、日本の内政に工作してくるとの懸念は、60年以上前から示されてきた。そして、椅子からひっくり返りそうになるのは、これに対する法務大臣（植木庚子郎《こうしろう》）の答弁だ。

お答えいたします。前田委員の仰《おお》せの通り、一部では日本はスパイ天国と言われるほどスパイ活動が盛んじゃないか、また楽じゃないかというような御質問でございますが、その是非批判につきましては、私どもも、どうもそうじゃないかと思える節があるのであります。（同）

冗談のような話だが、法務大臣が、日本はスパイ天国だと実質的に認めているのである。その上で、反スパイ法（当時は防諜法と呼ばれていた）は、「憲法上保障せられておるところの言論の自由でありますとか、学問の自由でありますとか、あるいは裁判上の公開の原則といったような基本的な権利に関係するところも非常に深い」ため、関係当局と検討途中である、という。

「検討途中」と国会で明言されてから60余年。日本はいまだに反スパイ法を制定していない。日本がスパイ天国であることに危機感を表明する政治家も少なくなかったが、結局のところ、法制度化には至っていない。「反スパイ法が日本で法制度化されるのはしばらく先だ」と、各国のスパイは安心しきっていることだろう。

公安捜査官は撒かれたら負け

何が反スパイ法の制定を妨げてきたのか。先の法務大臣の答弁にあるように、憲法に保障された権利の問題、裁判制度の問題、国民世論の問題、さまざまなハードルがあるだろう。だが、反スパイ法がない国だからといって、現実の敵として存在するスパイがいる限り、それを野放しにしておくわけにはいかない。少なくとも戦後日本のカウンターインテリジェンスは、この厳しい制約のなかで、特殊な進化を遂げてきた。

反スパイ法がなくとも、ほかの犯罪に該当する場合には、検挙することができる。たとえば経済スパイが企業から技術情報を盗み出せば、窃盗罪や業務上横領罪に問うことができる。自衛隊員が機密情報を漏洩すると自衛隊法（守秘義務）違反になる。

問題は、こうした「情報が盗み出された」ことを立証するのが非常に困難なため、基本的に「現行犯逮捕」で検挙するしかないことだ。つまり、明らかに不審な書類やUSBメモリといったモノのやりとりの現場を押さえる。日本の外事警察はそのための技術を突出して発達させてきた。

それは具体的にいえば、監視と尾行の技術だ。ある国のスパイと思しき人物が、外交施設から一歩踏み出した瞬間から、我々の追尾が始まる。タクシー、電車、また電車、どこかの喫茶店、そしてタクシー……プロのスパイなら、自分が尾行されている可能性を常に念頭に置いて、「撒く」ための技術を身につけている。

外事警察に限らず公安捜査官は、撒かれたら負けだ。駅のホームをどうやったら撒かれずに見渡せるか、逆に喫茶店ではどう気づかれずにやり過ごすか、林立するビル街と地下街を行き来する相手をどう逃がさないか。こんなのは序の口だが、それぞれの技術が、一子相伝《いっしそうでん》のように組織の特定の部署で連綿と継承されているのだ。

尾行して、尾行して、尾行する。その末に、相手は誰かに会う。会っている人と、何かの有形物で——口頭での情報交換ではダメだ、証拠にならない——情報を受け渡す、そのときに私たちは証拠のモノとともに検挙する。そのときまで、私たちは追い続ける。その技術は、世界一だと言っても言い過ぎではないと思う。

私が現役のとき、アメリカの連邦捜査局（ＦＢＩ）の支局長らと意見交換をしばしば行い、技術協力もしていた。彼らが技術協力の場で一様に感心するのは、日本の外事警察の尾行能力の高さだ。ＦＢＩのような盗聴の権限は与えられていないし、通信会社に情報を提供してもらうためのハードルも恐ろしく高い。だが、日本の外事警察の技術が特殊と言われれば確かにそうだろう。

「外交特権」というハードル

とはいえ、どこの国でもそうだが、外国人のスパイが捕まることはまずない。なぜなら、彼らは外交官の身分を持っているからだ。

すでに述べたように、民間人ならば、企業情報などを盗めば窃盗罪などで逮捕できるが、本当にシビアな領域で活動するスパイは、ほぼ外交官として日本に潜《もぐ》り込んでいる。ロシアの連邦保安庁（ＦＳＢ）の人物が外務省に出向し、大使館の一等書記官の身分を得ていたり、中国の人民解放軍の隊員が参事官級の駐在武官（ミリタリーアタッシエ）として元麻布の大使館内で執務していたりする。

彼らは、いわゆる外交官の不逮捕特権を持っている。「外交関係に関するウィーン条約」に定められている外交特権だ。彼らは、身柄の拘束、大使館や領事館への立ち入り、受け入れ国からの刑事訴追について、拒むことができる。国家の独立性や外交使節団の任務遂行の保護のために締結された条約だが、これが「悪用」されている。

スパイに対して尾行を繰り返した挙句、ついに突き止めた情報交換の現場で、警察が証拠書類を押さえながら、検挙を宣言する。だが、書類を受け取ろうとしたスパイは、警察にこう告げる。「外交官だ、私は帰る」。そして彼らは、逮捕されることなく、数日後に帰国便に乗って日本を離れる。

もっとも、この条件はどの国でも一緒だ。スパイ防止法があろうとなかろうと、外交官の身分は条約で保護されているから、締約国は守らなければいけない。2023年11月時点で193か国が締約国となっているから、世界で締約していない国・地域はほぼ存在しない。「野放しにならないように改正してほしい」と言いたくもなるが、そうした動きも寡聞《かぶん》にして知らない。主要な国家はお互いに外交官としてスパイを送りあっているから、お互いさまということだろう。

日本において反スパイ法がないというハンディキャップは、実は不逮捕特権を振りかざすスパイを逮捕できないということではない。彼らを「任務失敗」に追い込むまでに、異様な労力と時間がかかるということだ。現行犯として証拠を押さえ、少なくとも情報を漏らした民間人を逮捕するまで、法的な裁きを受けさせることはできない。反スパイ法があれば、情報漏洩の疑義が生じた段階で捜査権限が生じるから、もっと動きはスムーズになるはずだ。

では現行犯逮捕まで、日本では放っておくしかないのか？　それはさすがにない。明らかにスパイ行為を行っているものの、現場を押さえるのが難しかったり、日本の国内法でどうしても検挙できないタイプの行為だったりする場合、私たちはある種の「いやがらせ」で追い出しにかかる。

何をするかというと、はっきりそれとわかるようにスパイに張り付くのだ。電車のなかでわざと捜査員が目の前に立ち、「おい、これから社長と会うんだろ」などとぶつぶつ言い続ける。喫茶店に入れば、後ろの席に座って「横浜の彼はまだ来ねえのか、おっせえなあ」などとこれ見よがしに言う。タクシーは同じナンバーの覆面で追いかける。こうやってスパイに何か行動させる隙《すき》を与えない。するとスパイはたまりかねて、やがて日本を離れることになる。結果として、資金を投じて何年にもわたって仕込んできた彼らのスパイ工作が失敗するのだ。ダメージは大きいだろう。

こうしたパターンを強制尾行というが、外事警察はこうやって、日本の安全を守っているのだ。

対外情報機関のない日本

ところで、ここまで漠然と「スパイ」という言葉を使ってきたが、スパイの活動は大きく分けて3つ存在している。

第一に情報収集（インテリジェンス）、第二に防諜活動（カウンターインテリジェンス）、そして世論工作などを行う対外諜報活動（エスピオナージ）である。

日本は、インテリジェンスとカウンターインテリジェンスは行っているが、エスピオナージは行っていない。ここまで述べたように、インテリジェンス活動は窃盗や横領として検挙できるチャンスもあるが、エスピオナージについては「反スパイ法」がない限りどうしようもない。先に書いたような独自の手段を使って出て行ってもらうしか手段がないのである。

ちなみに、日本は先進国で対外情報機関を持っていない数少ない国の一つでもある。アメリカには中央情報局（CIA）があり、イギリスには秘密情報部（SIS、通称MI6）がある。日本と同じように第二次世界大戦に敗北し、さまざまな制度的制約があるドイツでも、首相府のもとに連邦情報庁（Bundesnachrichtendienst：BND）が存在している。6500人ほどの人員がいると言われていて、外務省や軍とは別に独自の情報・諜報・交渉チャンネルを有している。テロリストとの交渉なども担っていると言われる。

中国スパイの活動——経済スパイ、反政府分子の監視

このあたりで、日本に蠢《うごめ》くスパイの具体的な話をしよう。日本において敵対的な活動を行っている主な国というと、まず中国、ロシア、それに北朝鮮があげられる。後の章でそのほかの国やテロ組織について触れるが、主な国としてはこの3つだ。そして、それぞれに特徴がある。

中国は、大きく言えば、①経済スパイ、②反政府分子の監視が主な任務だ。

たとえば、2023年6月に、茨城県つくば市の「産業技術総合研究所」から研究データを中国企業に漏洩したとして、警視庁公安部が中国籍の研究員を逮捕した。容疑者は2018年、半導体の関連技術で、軍事転用も可能なフッ素化合物の合成技術に関する研究データを盗み出したとされている。容疑者は2002年から日本の研究機関でこうした技術の研究をしていた人物である。

中国の経済スパイ活動は、どの国においても非常に活発だが、アメリカでも摘発事例は多いらしい。ある論文によると、2009年以降、アメリカにおける経済スパイの起訴件数全体の52%が、中国に関連したものだ。

先ほど、スパイは外交官の身分を持っていると書いたが、中国の場合、具体的な行動は在留中国人の民間人が担っていることが多く、外交官の身分を持っているのは司令塔（スパイ・マスター）だ。彼らが現場に出てくることはめったにない。末端までに多くの人を中間に噛ませ、指令を伝えていく。それだけに、摘発可能な事例も多くなる。

「中国スパイは素人くさいのではないか」と、個人的な意見交換の場で聞かれたことがあるが、「素人くさい」のではなく、末端は本当に素人なのである。

では、スパイ・マスターはどのようにして、素人の民間人をスパイに仕立て上げるのか。ここに、いかにも中国らしい特徴がある。大使館などでは在日中国人の情報を、常に広く収集している。職業、専門性、家族関係、思想信条など、収集するほうは情報を選別しない。アンテナにかかった情報は、すべて本国に送られているらしい。

たとえば、中国本国で軍関係の企業から、「日本の〇〇に関する技術情報がほしい」と要請があったとしよう。ここで、広く集められた情報が生きてくる。

関連した企業に就職している人間はいないか、その人物の親兄弟などは中国のどこに住んでいるのか――こうしてキャッチされた日本在住のW氏に、さまざまな方法で「協力要請」が送られてくる。情報を取ってくればS省在住の父母の年金をアップしてやろう、兄弟はK省で勤めているそうだが、そこでの出世を早くしてやろう。もちろん、君自身も情報によっては大きな報酬が得られるようにしよう――つまり、中国のスパイは、あらかじめ養成されているのではなく、広く得られた情報をもとに、あとからリクルートするのだ。

ポジティブな「報酬」だけでなく、「親兄弟がどうなってもいいのか」といった脅迫に近い手段が取られることもあるという。だが、当局から声を掛けられて、協力しない人はほとんどいないらしい。

国を挙げて情報をほしいという場合には、もっと露骨な手段に出ることもある。たとえば、日本の理工系の大学院にいる複数の留学生に、「○○に関する企業の就職試験を受けなさい」と指示が飛ぶこともある。ある技術に関連する企業に留学生を就職させ、必要な時に情報を吸い出していく。どこにどのような留学生がいて、何を学んでいるか、といったデータは、中国大使館別館に保管されているといわれている。

日本の経営者の目線に立ってみれば、このリスクは小さくない。あらかじめスパイとして養成された人間ではないから、採用時に身元を確認したところで、問題は発見できない。あとから当局に声をかけられる「その時」が来なければ、普通の中国人社員に過ぎないが、もし「その時」が来るとスパイに仕立てられてしまう。被害に気付くまで、事前にわかりようがないのである。

中国の「海外警察」

反政府分子の監視という、もうひとつの中国スパイの目標は2022年秋ごろから、「海外警察」問題としてしばしば取り上げられているから、ご存じの方も多いだろう。中国政府が海外に「警察署」を設置して、自国民を監視し、時には脅迫的な方法で連れ戻しを行っているというものだ。

私も、実はこの件について調査してみたのだが、そもそも場所からしてはっきりしない。東京だけでも、秋葉原、六本木、銀座にあるといわれ、地方都市では福岡、名古屋、大阪などにあるという。現場とされる秋葉原のビジネスホテルに行ってみたが、普通のビジネスホテルである。

調べを進めていくと、どうやら省の公安部が、中国人の経営する企業の事務所などを間借りしているらしいことがわかった。その際も、警察署として使うとは言わず、在留中国人の福利厚生のための連絡所として使わせてもらう、という体裁をとっていた。実際に、そこで本国への送金支援や、運転免許の更新といった手続きができる、と支援サービスのように見せかける（なお、運転免許の更新などの行政事務を、総領事館など然るべき施設以外で行うのは条約違反である）。

こうした間借りした事務所で、さまざまな情報が広く集められる。最近、大学の留学生仲間で反習近平運動を始めた輩《やから》がいる、新大久保に住んでいるX氏は仮想通貨で儲けているらしい……など、ここでもやはり情報は選別されず、アンテナにかかった情報はいったんすべて本国などに送られる。

そして、「反習近平運動に関わった人物を本国に送還せよ」という指示が来ると、経済スパイと同じような形で、周囲の人物に声がかけられる。帰国したほうがいいぞ、さもないとご両親が捜索を受けるらしいぞ、S省にいるお姉さんが降格されるかもしれないらしいぞ、といった具合だ。脅迫のようなかたちで帰国させられた人の行方までは追っていないが、おそらく拘束され、共産主義の「再教育」を受けることになるのだろう。

約82万人もの在留中国人（しかもこれには帰化した元中国人や、日本国籍を取得した二世・三世は含まれない）がいる中国だから可能な方法ではあるのだが、広く網をかけて情報を集め、必要なときにそれを取り出して素人をスパイとして活用していく。これが中国スパイの手口だ。外交官はその「元締め」だから、捜査線上に引っかかることはまずない。これを巧妙とみるか、素人くさいとみるか。

ちなみに、ここ10年ほど、中国は人民解放軍に関して建国以来最大規模とも評される改革に取り組んでいる。その一環として、2015年12月末に、サイバーを担当する「戦略支援部隊」が立ち上げられた。それ以前に中国には「六一三九八部隊」と呼ばれるサイバー部隊が存在していた。おそらく「戦略支援部隊」はこれを吸収・発展させた組織なのだろう。さらに2024年1月には、情報支援部隊が創設され、戦略支援部隊は廃止されて、軍事宇宙部隊とサイバー空間部隊となった。

「六一三九八部隊」についていえば、2014年5月にアメリカで、部隊幹部とされる5人が起訴されている。容疑は、米国企業に対するコンピュータ・ハッキングと経済スパイ行為だった。「六一三九八部隊」は、中国人民解放軍の旧総参謀部第三部(旧というのは、軍改革の前の呼称だからだ)の隷下のサイバー部隊ということが判明しているから、経済スパイといっても軍が関与していることがわかる。単に民間企業同士が技術情報や営業秘を盗み出すのとは種類が違う。国家規模でのデータ収集と、その動員によってなされるのが、中国のスパイ活動だ。

ロシア・スパイという敵

中国と対照的に、ロシアのスパイは現場に出てくる。彼らはスパイとして訓練を受けており、多くは日本語を自由自在に操る。さまざまな場に積極的に足を運び、名刺を配って協力者を得ようとする。在留民間人を手足として使う中国とは、まったくスタイルが違うのだ。

ロシアは、基本的なやり方として、ターゲットとなる人物、たとえば政治家やメディア、あるいは企業経営者に接触し、さまざまな接待を行っては相手を手懐《てなず》けていく。なかには、ロシア企業の顧問のポストを与えたり、ロシアと仲の良いいくつかの国に銀行口座や起業ライセンスを与えたりもする。

世界的に有名な事例でいうと、オーストリアのクナイスル元外相やシュッセル元首相といった人々は、ロシアの国営企業に良い待遇で迎えられ、彼らはロシアに有利な発言をするように仕向けられていると言われる。

2022年のウクライナへの侵攻後に同じように取りざたされたのが、ドイツのシユレーダー元首相だ。元首相は、ロシアの国営天然ガス会社のガスプロム関連企業で役職を得ており、莫大な報酬を得ていた。彼がどこまで手懐けられていたのかはわからないが、ウクライナの連邦化を提言するなど、ロシアに有利になるような発言をしていた形跡はある。

読者のなかには、日本の政治家でも似たような人を思い浮かべられる方がおられるかもしれない。ロシアは、他国で人を手懐け、ロシアに有利な世論や言動を作っていこうとする。まさにエスピオナージ（諜報活動）なのだ。

日本でこうした情報工作、ロシアに有利なロビーイングなどを行っているのは、ロシア対外情報庁（SVR）の東京支局のスパイだ。SVRは、旧ソ連時代のソ連国家保安委員会（KGB）のなかの対外諜報部門（第一総局）の後継組織である。大使館内に拠点を持ち、外交官の身分を持って活動しているコアメンバーだけで、10人以上いるとみられている。世論誘導、影響工作、メディア工作といった「ハイブリッド戦」の時代のひとつの肝となる部署、これがSVRである。

情報収集（インテリジェンス）を担当しているのは、ロシア連邦軍参謀本部情報総局（GRU）とロシア連邦保安庁（FSB）だ。GRUは連邦軍の情報機関だから、軍として利用可能な情報収集を専らにしている。

つまり、自衛隊や在日米軍に関する情報収集が、彼らの関心の中心を占める。軍事転用可能なテクノロジーを入手するのも、彼らの仕事だ。GRUの在京コアメンバーも、10名前後いるとみられている。

ちなみに、GRU内には「スペツナズ」と呼ばれる特殊部隊が存在しており、海外では暗殺や破壊工作にも関わっているが、日本では彼らの活動はほとんど確認されていない。有力な反プーチン活動家が日本に潜伏していないからだろう。

そして、FSB。KGBの後継組織としてメディアでよく目にするが、彼らの主な役割は防諜活動（カウンターインテリジェンス）、国境警備、経済犯罪の摘発である。外に出ていくというよりは、内向きな組織としての性格が強く、日本でも国境警備に関する情報収集と、反体制派の活動追尾を熱心に行っている。海上自衛隊や海上保安庁についての情報収集、彼らの装備品や関連技術の情報収集などは、FSBが主管だ。私の知る限り、日本では3～5名のコアメンバーが活動していると思われる。

担当する職務はそれぞれ違うが、彼らの行動パターンは比較的似ている。イベント、パーティー、シンポジウム、商談会などの場に積極的に現れる。例えば、ロシアに比較的近いＣＩＳ（独立国家共同体）諸国の大使館が開いたパーティーに出席し、その場に招待されている日本の政治家や経営者、時には元自衛官らに接近したりする。

東京・有明の国際展示場や有楽町の東京国際フォーラムなどで行われるテクノロジー系の展示商談会も、彼らの「出現ポイント」のひとつだ。外交官としての立場で入場し、関心を持ったブースに積極的に立ち寄る。ロシアとの貿易には興味はありますか、モスクワの大学との研究協力に関心はありませんか、と、経済交流を装って接近していくのだ。

彼らは、さまざまな手段で「協力者」を取り込む。先述のシュレーダー元独首相のように企業幹部のポストと高い報酬を与えるのはよほどのケースだが、日本の民間企業の社員でも「使えそうだ」と思ったら、クオカードやビール券など足のつきにくい小遣いを渡したりして、接近する。

同情と背乗り――ボガチョンコフ事件と黒羽・ウドヴィン事件

そうしたロシア・スパイの接近術が巧妙に発揮されたのが、２０００年に摘発されたボガチョンコフ事件だ。ＧＲＵ機関員とみられる在日ロシア大使館付海軍武官ボガチョンコフ大佐が、日ロ防衛交流によって知り合った海上自衛官から自衛隊内の秘密文書を入手していた事件で、文書を渡していた自衛官Ｈは自衛隊法違反（秘密漏洩罪）で検挙された。

Ｈには息子がいたが、気の毒なことに、白血病を患っていた。おそらくボガチョンコフはこのことを途中で知ったに違いない。見舞金として現金を渡すなどＨの息子に関することも含めて取り込んでいった。

また、Ｈは息子を助けたい一心で、新興宗教に入信していたのだが、ボガチョンコフは、Ｈが祈りに行くときに同行し、息子のために一緒に祈るほどだったそうだ。死に至る病に冒された息子のために、一緒に祈ってくれる人に、心が動かない人がどれくらいいるだろうか。さらに、亡くなったときには香典《こうでん》を渡し、一緒に涙を流したという。

こうした接近術により、Ｈは、ボガチョンコフと一緒に過ごす時は安らぎを感じたのだろう。Ｈは、ボガチョンコフから現金等を受け取り、その見返りとして自衛隊内の秘密文書や内部資料を渡してしまった。結局は受け渡しの現場を警察に押さえられ、

Hは逮捕される一方、ボガチョンコフは外交官の身分を持っていたため、逮捕を逃れて出国してしまった。

人の心を手玉にとるような手法ばかりを使うわけではない。ゾッとする事件のひとつが、「黒羽《くろば》・ウドヴィン事件」である。

これは、スパイが正体を隠すために実在する他人の身分・戸籍を乗っ取り、偽装して活動する〝背乗《はいの》り〟という手法がとられた事件である。

事件のあらましはこうだ。1995年、アメリカのCIAから、黒羽一郎を名乗るロシアのスパイが、日本国内でアメリカの軍事情報、日本の産業情報を収集している、という極秘情報がもたらされる。

そこで、警察当局が黒羽という人物について徹底的に調査したところ、1930年福島県生まれで、母子家庭に育ち、成人してからは歯科技工士として生計を立てていた。28歳の時、耳の不自由な女性と同棲を始めたが、入籍はせず、しばらくのちには折り合いも悪くなっていたらしい。それから7年後の1965年、35歳のときに、黒羽は「友達と山に行く」とパートナーに言い残して、そのまま姿を消してしまった。捜索願いが出されたが、当時警察は事件性なしと判断した。

ところが、である。事件発覚後に調査したところ、「黒羽」は翌1966年の冬、東京・赤坂の宝石会社に勤務し、真珠のセールスマンとして働きだしたのである。英語、ロシア語、スペイン語を操るやり手セールスマンで、得意先は各国の大使館。福島で暮らしていた歯科技工士の黒羽とは、まったく別人である。朝鮮系ロシア人の男が、失踪した歯科技工士の「黒羽一郎」になりすましたのだ。

この「黒羽」は、在日米軍の情報や、当時最先端の半導体情報、カメラのレンズ技術などを収集していた。都内を転々としていた「黒羽一郎」をサポートしていたのが、KGBの諜報員だったウドヴィンだった。

「黒羽」を名乗るスパイは、情報提供がなされた1995年の時点で、すでに中国へ出国し、その後も海外で諜報活動をしていたのだが、97年、在オーストリア日本大使館でパスポートの更新手続きをする。このときに提出された顔写真は、福島で生活していた線が細く弱々しい黒羽とは全く違う別人のものだった。たくましい顎の、体格の良さそうな男だったのである。

これで、黒羽がロシアのスパイに背乗りされているというウラが取れた。他人の旅券を勝手に更新したということで、旅券法違反で立件することになった。

1997年7月、旅券法違反で黒羽の逮捕状が出される。これにより、練馬のマンションを家宅捜査すると、部屋の中から乱数表、短波ラジオ、換字表（普通の文章を暗号へと変換する表）などが発見される。モールス信号によって送られてくる数字を短波ラジオで受信し、乱数表を使って翻訳していたのである。

実は、1995年の発覚以後、警視庁は「黒羽」の日本人妻を24時間体制で監視していた。ウドヴィンも黒羽の住むマンション周辺で何度か目撃されている。そして、驚くべきことに、妻もスパイの教育を受けていた。

尾行する捜査員にある時点で気がついた彼女は隠しカメラで撮影しており、部屋の中には、捜査員の大量の顔写真があった。尾行技術に絶対的な自信を持っていた捜査員は、かなりショックを受けた。家宅捜査から二週間後、警視庁外事課はウドヴィンに事情聴取のための出頭を命じたが、無視して直ちに帰国してしまった。

結局、黒羽に背乗りしたスパイの名前もつかめなかった。本物の黒羽がどこへ行ったかも分からない。生きている可能性はもはやないだろうが、失踪時に殺害されたのか、それとも何らかの手段で失踪を知り、戸籍を奪ったのか、それすらわからない。

米兵を手玉に取った中国人スパイ

背乗りといえば、はるか昔の1950年代に、中国共産党も日本で使っていた。私が生まれる前の事件だが、劉香英事件というものが記録されている。横須賀に置かれている在日アメリカ海軍司令部のスパイ活動を、中国人が背乗りして行っていたのである。

米兵相手の「ロッキー」というバーでホステスをやっている、中川英子という女性がいた。若くてすれた感じのない彼女は、米兵たちの人気者だったらしい。完璧な日本語を使い、米兵には流暢な英語で話しかけていた。

ところがこの中川英子こそ、中国人スパイ・劉香英だった。本物の中川英子は、満州在住の日本人の娘だったが1952年に病死しており、中国共産党は女優を目指していた劉香英という女性を「中川英子」に仕立て上げたのだ。劉は、北京のスパイ訓練所で日本語や英語はもちろん、日本人の習性、護身術、変装術、拳銃の撃ち方、暗号の組み立て法などを学び、日本へやってきた。そして、バーで親しくなった多くの米兵と、肉体関係を持った。

とりわけ親密になったのが、通信隊のバーロー兵曹、そして保険会社のヘンダーソンだった。バーローからは、第七艦隊の動きや、当時最新鋭の原子力潜水艦「ノーチラス」の構造、装備などを聞き出していた。

艦隊の動きや、最新鋭の潜水艦の情報を兵士から聞き出すのはわかるが、なぜ保険会社社員のヘンダーソンと親密になったのか。実は、彼からは米軍艦船の修理予定表を入手していたのである。

ヘンダーソンは、横須賀基地に勤務する米軍人や第七艦隊の乗務員を上得意にしており、基地内の艦船修理部にはフリーパスで入ることができた。彼は、基地に入って艦船の修理予定表を盗写して「中川」に渡していたのである。艦船修理予定表には、各艦の行動予定海域、修理予定の艦名、修理箇所が書かれていたらしい。

ちなみに、この劉のスパイ活動は、意外なところで綻《ほころ》びを見せ、終わりを迎える。彼女は、入手した情報をある米兵相手のクリーニング店に送っていた。このクリーニング店の男も中国のスパイだったのだが、アメリカ海軍情報部が、ある不審な動きに気が付いた。

横須賀に米軍艦船が入港すると、市内のクリーニング店は多忙を極める。当時はまだ軍艦のなかに洗濯機などない時代である。店は、臨時雇いを入れなければならないほど忙しくなるのだが、あるクリーニング店だけは、まるで艦船の入港予定がわかっているかのように、臨時雇いを準備していた。そう、劉が情報を送っていたクリーニング店は、彼女のもたらしたスパイ情報を、なんと商売に使っていたのである。

ここから、アメリカ海軍情報部は劉とクリーニング業者の関係を突き止め、神奈川県警に通報した。1955年7月、刑事特別法により、劉らは一斉に逮捕された。

なんとも商魂たくましい中国人らしいオチのつきようだが、背乗りはこのように、ロシア・スパイの専売特許ではない。中国人スパイの活動がさかんな現代において、いまだ彼らがこの手法を使っていないという保証もないのである。

北朝鮮最大のサイバー攻撃実行部隊

日本において、背乗りを多用したもう一つの国としては、北朝鮮が挙げられる。おおむね1980年代までの話だが、ホームレスや生活困窮者などの戸籍を乗っ取ることがあった。朝鮮半島出身者は、日本人と背格好が似ているため、偽装しやすいという理由もあっただろう。ただ、遅くとも２００２年の小泉訪朝に前後して、ほぼそのような実態はなくなっている。

彼らの活動を支えていたのは、北朝鮮系の在日朝鮮人だったわけだが、世代交代や祖国に対する失望感から、21世紀に入るころには多くが韓国籍を取得したり、日本に帰化したりした。このため、北朝鮮に絶対的な忠誠を誓うような人もほとんどいなくなったのである。

では、北朝鮮のスパイや工作員がいなくなったかというとそんなことはなく、現在は、本国のための資金調達を主な任務としている。さまざまな手段で得たキャッシュカードを、中国の大連などに持ち込み、そのＡＴＭで米ドルを引き出し北朝鮮に持ち込んでいる。

最近では、もっと手軽な方法として、暗号資産も使われる。ビットコインなどの仮想通貨である。暗号資産のプロジェクトを名乗って、資金を稼ぐ詐欺事件がしばしば起きているが、摘発されていないだけの暗号資産案件は山のようにある。それらのなかに、北朝鮮に資金が流れているようなものがあっても少しもおかしくない。

このほか、北朝鮮の「一二一局」というサイバー部隊の関係者もいるとみられている。「一二一局」は、軍の偵察総局の隷下に置かれている北朝鮮最大のサイバー攻撃実行部隊である。北朝鮮は、核、ミサイル開発と並んでサイバー攻撃を三大攻撃手段であると位置づけているのだ。

氷山の一角、そのまた一角

中国、ロシア、北朝鮮。「日本はスパイ天国だ」と言われ続けてきたが、ここで紹介したのは、あくまで氷山の一角にすぎない。なぜなら、彼らの活動の全貌は、わかりようがないからだ。私がここに書いたのは、警察の捜査線上に引っかかり、あるいは歴史的な記録に残っているごくわずかな部分だけだ。それでも、「背乗り」など、なかばフィクションじみたことが、日本で起きていることがわかるだろう。

外事警察の捜査対象は、中国、ロシア、北朝鮮のスパイにとどまらない。アルカイダやヒズボラをはじめとした国際テロ組織、それらに対抗するためのカウンターインテリジェンスを仕掛けてくる日本以外の諜報機関も活動している。日本とは友好国であってもアメリカとは敵対的ないくつかの国が、在日米軍をねらった諜報活動を行うこともある（実は劉香英事件はこれに近い。当時、中国共産党は日本との関係強化を願っていて、スパイの関心は在日米軍の動きだった）。

さらにいえば、スパイやテロといった、敵対的な行動だけが外事警察の対処すべき領域ではない。外国との違法な取引もそうだし、各国大使館の、言ってみれば「しょうもない」犯罪にも対応しなければならない。これらの動きを少しでも把握し、警察としての目標、すなわち日本国の安全を維持する外事警察。その内幕に、さらに迫ろう。

コラム①

吉田茂邸の〝お手伝いさん〟をスパイに仕立てた陸軍中野学校

1938年7月、日本で初めての諜報機関が東京・九段牛ヶ淵に創設された。その名は「後方勤務要員養成所」。翌年4月、中野に移転したことから、陸軍中野学校と呼ばれるようになった。

中野学校は陸軍における秘密戦、すなわち諜報や謀略、宣伝工作を担う要員を育成したが、その教育内容は軍事学や外国語といった一般的な科目から、細菌学や薬学にいたるまで多岐にわたるものだった。さらには、今では考えられない研修も行っていた。服役中の詐欺師やスリを講師として招いては、言葉巧みに相手を騙したり、相手のポケットからこっそり資料を抜き取る際の手口などを教えたりもしたというのだ。

さらには伊賀や甲賀の忍者の継承者を招いて、忍術について学ばせたり、海外における諜報活動の際に現地に溶け込むよう、フランス料理のマナーや社交ダンスも仕込んだ。中野学校出身の諜報員は、インドやビルマ（現ミャンマー）など海外での活動がメインだったが、稀に日本国内で工作活動に従事することもあった。

太平洋戦争中、陸軍中野学校や憲兵隊が、親英米派で戦争に反対していた吉田茂元駐英大使の周辺を「ヨハンセン」という呼び名を用いてマークしていたのはよく知られた話だ。

そうしたなか、東京・永田町の吉田邸に〝お手伝いさん〟として住み込んでいた女性が、陸軍中野学校の諜報員の意を受けて〝スパイ活動〟をおこない、のちに吉田茂が憲兵隊によって逮捕されるのに一役買ったという逸話がある。戦後40年近くを経てから、その女性が週刊誌のインタビューに答える形で、その経緯について語っている（「サンデー毎日」１９８１年9月20日号）。

１９４３年春、神奈川県に住んでいた石田タキさん（仮名、当時20歳）は、近所の知り合いであるAから「吉田茂がお手伝いの女性を探している」という話を持ちかけられた。彼女は農家の長女で、地元の高等女学校では短距離走の選手。健康的な女性だった。

東京に住んでいたタキさんの叔父もたまたま知人から吉田がお手伝いを探してい

るのを聞かされていたので、話はすぐにまとまった。

そうして働き始めてまもなく、Bという男性が吉田邸におはぎを持って現れた。戦時中おはぎは大変なご馳走だったため、みんなから歓迎されたという。

タキさんは初めての休日、叔父の家に出かけるために吉田邸を出ると、なぜかBが待っていた。

「戦時中で切符が買えないかもしれない。叔父さんの家まで車で送ってあげよう」と言われ、彼女は不思議に思いながらも、車に乗った。

叔父の家に到着すると、ほかにCという男性も来ていたという。
A、B、Cの3人の男性はそこで自分たちが陸軍中野学校の諜報部員だと名乗り、彼女に切り出した。
「実は吉田さんは親英米派で、この戦争を早くやめたいと言っているらしい。これはお国にとっても重大なことだから、本当にそういう気持ちがあるのか確かめてほしい」

タキさんは最初断ったが、お国のためと説得され、その場で引き受けたという。

吉田邸には、近衛文麿元首相や鳩山一郎元文部大臣など、当時の有力者が頻繁に来ていたが、そのたびにタキさんは中野学校の諜報員に報告を入れていた。吉田邸には、憲兵隊から送り込まれた書生や使用人もいたが、吉田に気づかれ、クビになっている。しかし彼女は純朴さが信頼されたのか、スパイと疑われることはなかった。

タキさんは、近衛や鳩山などの家へ手紙を持って使いに出される際も陸軍に連絡した。吉田の手紙は蠟《ろう》で封印されていたが、中野学校の開封の専門家がやってきて、手紙の内容を写し取っていた。

先に述べたように１９４５年4月、吉田茂は「近衛上奏文」（近衛が昭和天皇に戦争終結を上奏した文書）の作成に協力したことを理由に憲兵隊に逮捕される。それを知ったタキさんは申し訳ないという思いで夜も眠れない日が続いたという。結局、彼女は結婚を理由に実家に帰っていった。

陸軍中野学校の卒業生は２０００人以上と言われる。彼らは決して中野学校を卒業したとは口外しなかったが、公安部が警察内部で研修する際には、講師になった人もいたという。

第2章

公安捜査官のキャリアと日常

公安部に配属されるまで

スパイやテロを監視し、日本の治安を守る公安警察。この組織の一員になるには、どういうルートがあるのだろうか。そして、どんな日常が待っているのか。この章では公安捜査官の世界の一端をご紹介しよう。

自分で言うのもおかしいが、私が公安部に配属されるまでのルートは、かなり特殊だったと思う。というのも、警察官に採用されてすぐの教育課程にいたとき、「君に会いたいという人がいる」と上長から指示を受け、私の公安捜査官としてのキャリアが始まったからだ。

あるとき、上長から「警視庁本庁から来客があるから、同級生にバレないように抜けてきてくれ」と言われた。そして、指示された場所に行くと、本庁から来たという人から「公安に来ないか」とリクルートされたのである。

後年、私自身も「リクルート」に関わったから確実に言えるが、キャリアの最初から公安部に配属が決まっている人はほとんどいない。というより、ほぼ皆無であろう。私はある意味で呆気《あっけ》にとられたが、自分の希望通りの配属先であったので、断る理由はなかった。採用試験の結果がよかったことと、語学の資格をもっていたことが功を奏したのではないかと思うが、確証はない。

公安というのは、情報収集と追尾《ついび》を専門とする仕事で、適性があるかどうかは仕事を見てからでないと何とも言えない。これが通例だ。情報収集についての目のつけどころ、対人関係の築きかた、秘密をどこまで守れるか――これらに関して高い能力が求められる職務であるため、判断が難しい。それなのに、まだ教育課程にいた私がなぜ選ばれたのかはいまだに謎の一つではある。

ひとつ考えられるのが、外事警察がほしがるような人材は、他の部署がほしいことも多く、組織内で一種の「取り合い」が生じるということだ。

具体的に言うと、組織犯罪対策部内の外国人犯罪を扱う部署や刑事部内の国際刑事警察機構、いわゆるインターポールに捜査員を派遣して外国の警察との協力・調整を行う（これを国際捜査共助という）部署などは、ほしい人材が外事警察と被るのだ。だから、早い段階で「君には公安にきてほしい」と声をかけておくこともある。どの段階でスカウトされるかというのは、人によってまちまちだが、私は語学がかなり強かったから、早い段階でツバをつけられたのだろう。自分ではこのように推測している。

「バック走行」の技術も武器になる

公安には、ユニークな人が少なくない。たとえば、元白バイ隊員で車両の国際A級ライセンスを持ってターゲットを追いかける者、農獣医学部卒業の知見を捜査に活かす者など、さまざまな経歴を持っている人がいる。それだけ専門性が高い知識が要求される場面があるということだ。自動車の例でいえば、平均的な日本人ドライバーは、バック走行した距離を生涯合計しても3キロ程度らしい。実はバックである程度の距離を走ったことがある人はほとんどいないのだ。ところが、ターゲットが急にUターンしたり、方向転換したら、やむを得ない場合には数百メートルバックで走ることもあるだろう。「たかがバック走行」と思うなかれ、これも専門技能の一つなのである。

とはいえ、公安にスカウトされたからといって、もちろんいきなり現場に投入されるわけではない。公安捜査官になるための講習、それと並行しての語学研修など、数か月から数年にわたる勉強の日々がスタートする。警察官になるために試験をクリアし、入ったら警察学校に入校し、公安に指名されたら関係研修を受ける、昇進しようと思えばそのたびに昇進試験を受ける必要も出てくる。

ことほどさように、警察というのは勉強漬けなのである。「勉強が嫌いだから警察官になりたい」という人は聞いたことがないが、警察官になるからには昇進試験の連続、すなわち常に勉強がつきまとうことを覚悟しなければならない。

外事警察になるための講習はいくつかあるが、座学とインターンで構成される公安講習、専門的な外国語を習うための語学研修、そして国際捜査官プログラムなどを受講しなければならない。ここで、人質交渉のテクニック、取り調べや法的手続きの方法、外国の捜査機関との協力などについて学ぶ。これらをクリアすると、公安適性者名簿、略して「公適」というリストに載る。そうして初めて、本部の公安にせよ各警察署の公安係にせよ、配属が可能になる。

採用されてからも勉強漬けの日々

そもそも、警察官になるためのルートを調べたことのある読者は、どのくらいいるだろうか。警察官募集を告知するポスターが交番などでだいたい通年貼られているのだが、まず、都道府県それぞれの警察で採用試験が行われている。この試験は、日程さえ合えば複数の都道府県警察に出願できる。

たとえば警視庁、神奈川県警、千葉県警と受け、すべてに合格したとすれば、自分が希望するところに行くことができるのだ。最初の階級は全員が巡査だ。

国家公務員として採用されるルートもある。いわゆる「キャリア官僚」である国家公務員総合職（旧Ⅰ種）と、「準キャリア」と呼ばれる一般職（旧Ⅱ種）だ。どちらもまず試験に合格したのちに、「官庁訪問」という現場での面接である程度採否が決まる。警察の場合、「キャリア官僚」で採用されると警部補から、「準キャリア」だと、巡査部長からスタートする。

警察に採用されてまず警察学校に入校すると、勉強の日々がスタートする。憲法をはじめとして、刑法、刑事訴訟法、行政法、道路交通法などの学科試験に加えて、術科と呼ばれる、柔道や剣道、逮捕術、拳銃操作などの「実技」の試験がある。剣道や柔道で初段くらいまでは行くことが求められるが、真面目に受けていれば、二段くらいまでは昇段するものだ。警察学校は全寮制で、私のころは6人から8人が同じ部屋。講義と試験を受ける日々で、もし何らかの問題が発生すれば、「連帯責任」とまでは言えないが、必然的にそのような雰囲気になってくる。

また、最近ではそのようなことはないと聞くが、警察学校に入ってまもない時点で「辞めたい人、警察に合わない人は辞めてかまわない」というスタンスがとられてきた。食らいつく人には夜中まで合格させるための試験を課すし、怪我や病気で警察学校の卒業が遅れても、やる気があるならきちんと卒業させる。

だが、社会の秩序や安全を維持するための職場である。警察を辞めたい、合わないと思う人に「お願いだから残ってくれ」という立場はとらない。「辞めたいならさっさと辞めなさい」と言外に匂わせているな、と思ったことは何度もあった。

ちなみに、都道府県警察の採用試験合格者は、1980年代までは高卒採用(警察官B試験またはⅢ類と呼ばれる)が多かったが、筆者が採用されたころには大卒(警察官A試験またはⅠ類と呼ばれる)と高卒の比率がおおむね50対50程度、最近は逆転して大卒のほうが多くなっている。

警察の良いところと言えるだろうが、高卒だろうと大卒だろうと、等しく試験を受けて合格すれば階級が上がる。スタートは、どの試験で採用されたかによって若干変わるものの、ほとんど平等だ。逆に言えば、勉強を怠《おこた》ったり意欲に欠けたりすると、何年勤めようが階級は上がらない。採用されてからもずっと勉強し続け、試験を受け続けなければならないのが、警察という組織である。むしろ、採用されてからの試験の日々の方が、大変だと言う人もいるくらいだ。

最初の警察学校での教育課程が終わると、交番に配属される。いわゆる「お巡りさん」を経験する。公安志望だろうと、交通機動隊志望だろうと、それは同じだ。さらにその後、2か月の研修を経て、ようやく本格的な配属となる。

ちなみに、私が最初に交番勤務で配属されたのは、米軍基地反対闘争など左翼の活動が比較的盛んな地域だった。革新政党系の病院などもある。20代の駆け出しの私は、駅近くで活動家が集会しているのを見つけると、アジ演説の中身をメモしたり、平服でビラを受け取ったりして情報収集をした。

なかでも先輩から褒められたのは、ポスターチェックである。見回りや通勤などで政党のポスター貼付場所を記憶し、メモに残していった。メモがその後、何に使われたのかは知る由もないが、公安としての適性があると判断される理由の一つとはなったたろう。警察とはこのように、試験に限らずあらゆる努力が評価される組織でもある。

極左過激派〝幹部候補〟の予備校生を尾行する

公安捜査官になった私が最初に課された仕事は、ある予備校生Pに対する潜入捜査だった。もちろん、単なる予備校生に対して捜査を開始したわけではない。Pは、高校生のときから某極左過激派の集会やデモなどに出入りし、周囲を勧誘するなど、熱心に活動をおこなっていた。その後、大学受験のために予備校に通っていたのだが、そのころには組織で立派な幹部候補生と目されていたのである。

私に課されたのは、このPをひたすら見張り、情報を取ってくること。逮捕するとか、そのための証拠を集めるとか、そういったことではない。同じ予備校に入校し、同じ講義を受けて接近し、彼と仲良くなって情報を得てくること。そのために他愛のない話から糸口をつかみ、彼に接近した。

週末にどこに行って（やはり大体は都内でデモや集会に参加していた）、どのような本を読んでいるのか。普段の行動パターンはどのようなものなのか。素知らぬ会話のなかから、こうした情報を聞き出し、蓄積していった。

繰り返すが、Pの情報を収集する目的は、逮捕するための証拠探しではない。彼の人となり、日常生活、その先にある組織とその活動方針について情報を集め、実態をつかむこと。これが、私に課されたミッションだ。逮捕という目に見える「成果」があるわけではない。だが、セクトの活動を把握するうえで必ず役に立つであろう情報を集める。公安捜査官として生きるということは、こういうことだ。

10か月ほどの情報収集ののち、私は予備校を離れ、警察に戻った。

Pについては後日談がある。それから10年以上経ったある日、東京のとある繁華街に、イスラム教の礼拝所があるのだが、そこに「不審な日本人が出入りしている」という情報が入った。２００１年に米国同時多発テロが起き、２００５年にロンドンの地下鉄でも爆破事件などが続いていた時期のこと、アルカイダなどの過激派イスラム主義者に強い警戒の目が注がれていた。

「不審な日本人」が何者か突き止めるべく、私が現場に向かったところ、たしかに不審な日本人がいる。Pだった。予備校生のあと、どのような人生を歩んだのか知らないが、当時所属したセクトからいろいろな思想を転々としたのだろう。イスラム教にシンパシーを持った中年男になっていた。公安捜査官というのも不思議な人生だが、私たちが追っている人々の人生も、不思議なものである。

尾行とその撒き方

情報収集や尾行といった話をすると、しばしば聞かれるのが、「どうやって尾行するのか」「どうやって撒くのか」である。

尾行がいいことに使われるとはあまり思えないが、「情報を集める」、「目立たない」、「行動を予知する」という原則は知っていていいと思う。

まず、闇雲にターゲットを追いかけようとしても、それは不可能だ。よく使う交通手段は何か？　性格は外向的か、それとも内向的か？　どのような場所へ行くことが多いか？　これらの情報集めがないと、尾行は難しい。

たとえば、自転車で尾行する気で用意していても、相手がバイクに乗って移動するのであれば太刀打ちできないだろう。徒歩と電車の組み合わせは都会ではよくあるが、特に電車のような狭い空間ではどう距離をとるかは、難しい問題だ。

次に、「目立たない」。「同じ人だ」と相手にわからないように、変装することなどもあるかもしれないが、目的は目立たないことだ。これ見よがしにサングラスにマスクを着け、帽子を被っていたら怪しいだけだ。たとえば冬場に色の濃いサングラスはミスマッチだし、夏場にウールのハンチング帽も奇妙だろう。相手が行くような場所で、周囲に自然に溶け込める格好は何か、情報収集と並行して服装や動き方を更新していかなければいけない。

そうしたことを心掛けていると、自然に相手の行動を予知できるようになってくる。今日の格好だと、どうやら比較的落ち着いた、しかしお洒落《しゃれ》な街に食事にでも行くようだな、あの人の場合だと神楽坂が多いな、などといったことである。ここまで行けると、少なくとも素人相手だと、尾行は成立しやすくなる。

尾行されたくない人は、これを逆に考えよう。「情報を収集させない」「目立たない」「行動を予知されない」が原則、ということになる。

最近はネットでも注意喚起が盛んになってきたが、SNSを頻繁に更新し、特に写真投稿が多い人は、「情報収集してくださ い」と言っているようなものだ。趣味は何か、どこに行きがちか、どの沿線に住んでいるか、断片的な情報でも数が集まれば推測は容易だ。インスタグラムやX（旧ツイッター）でそういった使い方をしている人はただちに実名をやめ、非公開アカウントに切り替えることを推奨したい。

「目立たない」というのも同様だ。派手な服を着てはいけないということではなく、周囲の環境にあったものを選ぶのが重要だ。表参道や銀座ではハイファッションに身を包んでいても周囲に馴染むだろうが、霞が関では浮いてしまう。

服だけではない。時計、車、バッグ、靴、髪の色。外見だけでも要素は多くある。自分に特徴的なものはいったいなにか、たまに振り返ってみるのは、防犯対策としてもいいことだ。もっとも、飛びぬけて背が高いなど、隠しようがない身体的特徴があれば、嫌でも目立ってしまう。そういう場合は、別の対応を優先して考えるしかない。

そこで重要になってくるのが、「行動を予知させない」ことだ。たとえば、家から駅までの移動経路を2パターン、3パターン持っておく。ルートだけでなく、手段も徒歩と自転車、などと変えてみる。あるいは行動の時間を変える。たまには家を早く出て、職場や学校近くのカフェに寄ってもいいだろう。退勤時も同じように、パターンを複数持って、自在に変えてみる。これだけで、尾行のしにくさは大幅に上がる。ここにさらに、場所と衣服の組み合わせ、マスクやサングラス、場合によっては伊達メガネの装着など、外見的特徴に変化をつけるとずいぶん追いにくくなる。

それでも「尾行されていそうだ」と思ったら、どうすればいいか。ふたつ、簡単な方法をお教えしよう。ひとつは、公共交通機関（電車やバス）の、扉が閉まるギリギリのタイミングで降りて、乗り換えることだ。ギリギリのタイミングでぱっと電車を降りるあなたを、尾行者があわててついて降りてきたら、それはかなり間抜けな尾行者だ。

もうひとつは、鏡など、後ろを振り返らずに相手の顔を見られるポイントをいくつか持っておくことだ。「変だな」と思ったら、たとえば鏡のあるエレベーターや、鏡面仕上げになっているエスカレーターのガラス窓などで確認するといい。

「不審だな」と思えば、コンビニやホテルなど人のいるところに逃げ込んで警察に相談しよう。「危ない」と思ったら、ひとりで対処しないのが、何事においても重要だ。

ところで、本庁の公安は、各警察署から選抜されたメンバーが集まる場所なので、実績もプライドも高い。辛い仕事ではあるのだが、自分から辞める人はほとんどいない。プライドの塊みたいな人が多く、一匹狼タイプの人がほとんどだ。同僚同士でもお互いをライバル視しており、非常にピリピリした空気が流れている。

だからもし、「尾行を撒かれた」というようなことがあれば、かなり屈辱的な場面になる。ごく稀にある職場の飲み会などで、「おい、あの尾行、撒かれたんだってな」などと口に出しようものなら、つかみ合いになることもある。プライドの高い人間の、「あるある」かもしれない。

タレコミの9割はガセ

いわゆる「タレコミ」についても、聞かれることが多い。

たとえば、最近もあるテレビ番組に出演したとき、一般市民から「監視したほうがいいのでは」と通報があった場合はどうするのかと聞かれたのだが、私の体感では9割は「ガセ」である。逆にいえば1割ほどは貴重な情報があるということだ。

公安であっても、日常的にタレコミは非常に多い。警視庁の代表番号に電話をかければ、受付の人が各部署に電話をまわす。中には公安部の組織を熟知していて、受付で「公安部外事課をお願いします」と言う情報提供者もいる。

そのほか、メール、ファクス、匿名の書き込みなどを通して、分析班が調査したほうがよいと判断した場合、掘り下げていく。そして、実際に対象者を見にいったり、会いにいったりする。こういうとき根拠になるのは警察法2条（警察の責務）だ。公共の安全に危険を及ぼす恐れがあると、警察庁や警視庁の幹部が認めた場合、注意力をもって監視すると定められている。


あるとき、東アジア系の外国人男性から「大事な話がある」と電話を受けたことがあった。

警察署に来てもらって話を聞くと、勤務先である日本企業の情報を、母国の外交官に渡していたのだが、怖くなって通報してきたというのだ。謝礼ももらっていた。

この男性、最初は、企業パンフレットといった特に問題のなさそうなものを提供していたのだが、それでも謝礼として3000円相当の図書カードや商品券をもらっていた。

はじめのうちは、こんな情報でも謝礼が貰えると喜び、しばらく、そういうやり取りを続けていたところ、事態はエスカレートしだした。高級レストランに招待され、現金を渡されるようになった。その反面、相手側からの要求も厳しいものとなっていった。特殊な技術など、企業秘密が求められるようになったのである。たまりかねて拒否すると、「ここまでやってきて、逃げられると思うか」と言われ、たまりかねて公安に連絡してきたのだ。この件は、その後事件班に引き継いだ。

ロンドン警視庁と合同でフーリガン対策

公安警察としてのキャリアが正式にスタートしても、違う行事に駆り出されることも時々ある。印象に残っているのは、2002年のサッカー日韓共催ワールドカップの警備だ。とはいっても、機動隊が行うような警備ではない。フーリガン対策である。

フーリガンというのは、サッカースタジアムの内外で暴力行為と破壊活動を行う者の総称だが、日本のJリーグでのそれと、ヨーロッパの熱狂的なフーリガンとでは、ずいぶん異なる。

海外ではサポーター同士の小競り合いや乱闘といったレベルではなく、本格的な暴動に近い事件が珍しくない。酒を大量に飲んで酩酊し、制御不能になりやすいうえに、商店などを襲撃するのを本当の目的にしている連中が紛れ込んだり、外国人排斥主義や宗教差別とも結びつきやすかったりする。

なかでも最大の悲劇と言われるのが、1985年にベルギーで起きた「ヘイゼル事件」。リヴァプールFCとユヴェントスFCの試合前にサポーター同士の衝突が発生し、39人が死亡、400人以上の負傷者が出た。

こうしたフーリガンに対応するため、日本ではワールドカップの前年2001年に出入国管理及び難民認定法が改正され、いわゆる「フーリガン条項」が加えられた。これにより警視庁と出入国管理局が連携して、フーリガンの上陸拒否が試みられた。

そのうえで私が担当したのは、ロンドン警視庁、いわゆるスコットランド・ヤードのフーリガン対策専門官と合同で行った見回り警戒である。スコットランド・ヤードには、フーリガン・スポッターと呼ばれる、フーリガンの専門家がおり、彼らは主要人物の顔と名前が頭に入っている。「そんな人までいるのか！」と思われるかもしれないが、暴動の首謀者をマークするのは警察の主要な任務である。

私は日本に支援に来たフーリガン・スポッターと一緒に、都内のスポーツバーやアイリッシュパブなどを巡視して回った。首謀者級の連中はいないか、彼らと絡んでいる人はいないか、確認していったのである。

とはいっても、捜査官の私がスポッターと一緒に露骨に巡回していたら、スポッターが「顔ばれ」してしまう。なので、連日、スポッターには別の場所で待機してもらい、普段着で一人パイントグラスでビールを飲んで回っていた。

結局のところ、ワールドカップは大盛況だったが、日本でフーリガンが暴動を起こすというのは杞憂に終わった。フーリガンは労働者階級が多く、ワールドカップで値上がりが著しかった航空便と日本のホテルを長期間押さえるのは、難しかったのかもしれない。

組織内の協力者をいかに作るか

公安警察や公安調査庁のメンバーが、名前や肩書を変えたり、正体を明らかにせず秘匿《ひとく》捜査を行うこともある。こちらの正体をどうしても隠す必要があるため、捜査対象から疑われないよう、会社を一つ作ってしまったこともある。法務局に登記もしたから、登記簿を調べられても疑われない。会社のウェブサイトも設置し、電話がかかってきても対応できるようにした。

逆に、映画やテレビ番組で見るような「潜入捜査」は、日本ではしていない。潜入捜査とは、監視対象の組織に潜り込むやり方だ。ドラマにもなった漫画『ハコヅメ』（講談社）には、暴力団と思しき組織に潜り込んで情報収集するシーンが描かれているが、昔は実際このようなこともしていたようである。だが、費用対効果や危険性を考えると効果的ではないため、現在ではやっていないと思う。

それより、組織の中に協力者を作って運用するほうが、場合によっては途中で中止するという選択肢もとれるため、効果が高い。

協力者は、金銭で釣ったり名誉欲を刺激したり、さまざまな方法で探し出すが、ほしい情報の種類によって異なる。ＣＩＡなどは、顔が広く、情報をたくさん持っている人物や、記者のようにさまざまな人に会える立場の人物を協力者にしがちだ。

たとえば、テレビで活躍している米国出身のタレント。ＣＩＡの機関員とレストランで食事したり、パーティーで親しげに話したりしている人は、「協力者」だといっていい。ＣＩＡの関心の範囲は広く、私も外事課の捜査員としてＣＩＡの機関員とは情報交換をしていたので、彼らから見れば私も協力者ということになるだろう。

芸能人といえば、日本のテレビ番組に出演していたロシア国籍の俳優が、ロシア・スパイの協力者だったこともある。バラエティー番組などでの「再現ドラマ」によく出演していたが、このロシア人俳優は東京都内のレストランでロシア対外情報局（SVR）のスパイと時々会食していた。在日ロシア人コミュニティの中にいる反プーチン派などの情報を提供していたのではないか、と私はにらんでいる。

協力者から「一線を越えた」パターンだと、米国人俳優のスティーヴン・セガールもそうかもしれない。90年代には『沈黙の戦艦』などで人気俳優となったが、ハリウッドで何かしらのトラブルがあったらしい。やがて、武道を接点にプーチン政権と関わりを持ち、いまやプーチン与党のメンバーにして、ロシア国籍を取得し、ロシア外務省の特使に任命されている。おそらく彼も、米国内での情報提供などを、初期のうちには「協力者」として行っていたのではなかろうか。

そうかと思うと、ロシアのスパイがときに信じられないほど「ド直球」の手に出たことも知られている。防衛問題を専門にするジャーナリストで、いわゆる「防衛族議員」や防衛省内にもつながりが深い人を、協力者にしようとしたのだ。

ところが、このジャーナリストは専門領域のゆえか、ガードが堅かったらしい。ある日、いきなり路上で、「○○さんですよね、お話をうかがいたい」と名刺を差し出された。ジャーナリストは直感的にこれはまずいと見抜き、一回の接触後にコンタクトを拒否。以後、そういったことは起きていないという。

日本の警察はこれほど極端ではないが、協力者を組織的・個人的に作っている。一例をあげると、過激派の行動について、カウンターの組織が協力してくれることもある。左翼団体はおおむね警察の人間とは口をきかないが、右翼系団体のなかには、警察と友好的な団体もある。日の丸を尊重したり、君が代を大切にしたりするところでは価値観を共有することができるからだ。

「ハニートラップ」はロシアのお家芸

協力者ということでいえば、いわゆる「ハニートラップ」を使う国もある。ハニートラップというのは、主に女性スパイが男性に対して色仕掛けで行う諜報活動のことだ。日本の公安は使わないが、いくつかの国の諜報機関では、今なお横行している。

アメリカや韓国なども使うことがあるが、特にこの手口を多用するのは中国、ロシアである。

比較的最近のケースだと、「美しすぎるスパイ」と言われたアンナ・チャップマンが有名だろう。アンナ・ヴァシリエヴナ・チャップマン（本名アンナ・ヴァシリエヴナ・クシチェンコ）は、1982年生まれのロシアの諜報員だ。彼女はロシアのSVRの指示を受けてスパイ活動を行った疑いで告発され、2010年にアメリカで逮捕された。

表向きはアメリカ、マンハッタンの不動産会社のCEOを務めながら、アメリカの核弾頭開発計画などの情報を色仕掛けで収集していた。チャップマンは、結婚によって英国の市民権を取得しており、それを米国の居住権を取得するために利用していた。その後、チャップマンを含む10人は、ウィーンで、西側諜報機関のスパイ容疑でロシアに告発された男性4人と交換された。

彼女は、その後、ロシア国内で優遇されているようだ。国外追放から1か月後、プーチン（当時首相）は彼女らとパーティーを開催し、ソ連時代の歌、そして非公式のロシア諜報機関賛歌である「祖国の始まり」を一緒に合唱したりした。さらに、ドミトリー・メドベージェフ大統領（当時）から勲章を授与された。

彼女は自分の名前を商標として登録しており、ロシアでは香水、時計、ウォッカなどチャップマンの名を冠した製品が店頭に並んでいる。男性誌にエロティックな写真を掲載したり、ゴールデンタイムのテレビ番組に出演したりしている。さらには、アダルト映画会社から多額のギャラを提示されたそうだが、さすがにポルノ映画への出演は断ったようだ。

憶測の域を超えないが、ソ連時代には、女性スパイを訓練所において全裸で生活させたり、同僚男性と肉体関係を持たせたりすることで、性的な羞恥心を取り去っていたというから、彼女にとっては「何でもないこと」なのかもしれない。

風俗店は警察の貴重な情報源

ロシアのように、長期にわたって養成されたスパイによるハニートラップではなく、協力者を使う国は中国である。ターゲットが好意を寄せていたり、あるいは気になっている女性を把握し、金銭を渡すなどして協力者に仕立て上げるのだ。第1章でも書いた経済スパイとほとんど同じ手口である。

これが大きな成果を挙げているらしく、企業や政治家などにかなり食い込んでいると言われている。ゼロから養成するよりもはるかに楽だし、安上がりに済むのだ。

私が実際に見聞きしたものだと、こんな事例がある。

某省庁のキャリア官僚が、中国人の経営するバーに立ち寄った。バーテンダーに好きな女性のタイプを聞かれ、仲間由紀恵と答えたところ、仲間由紀恵に似た女性が、彼の身辺に頻繁に現れることになる。

自宅近くのコンビニで、行きつけのバーや居酒屋で、省庁のセキュリティ・ゲートを出たところで、あるいは電車の中で……怖くなった彼は警察に相談しようと考えたのだが、あまり格好の良い話ではない。そこで、面識のあった私に、コンタクトをとってきた。

調べてみたところ、この仲間由紀恵似の女性は、中国人留学生だった。そしてご想像のとおり、バーの中国人オーナーのもう一つの顔はスパイの協力者だったのである。日本語ができる仲間由紀恵似の女性を見つけて、彼に接近させようとしたのだ。

やや稚拙な方法にも思えるが、それはその官僚に警戒心と自制心があったからのこと。行きつけのバーで、これは「運命の出会い」と思い込んで深みにはまってしまい……なんてことが、起きていないとも限らない。「ハニートラップ」というと多くは女性スパイに男性がハマることを指すが、逆が起きていないという保証もない。

スパイというのは、ターゲットを決めたら予算と人員を惜しみなくつぎ込み、情報を得ようとする存在だということを覚えておいたほうがいい。

下世話な話ついでに言うと、日本の警察にとって風俗店が貴重な情報源であることもある。「客」はそういう場では気が緩《ゆる》むのか、仕事のこと、プライベートのことなどを喋ってしまうことが少なくないし、時には「お気に入り」ができたりもする。

ある外国人について、私もこの手を使ったことがある。都内のある風俗店の女性がお気に入りでよく指名していた。さて、この女性を公安の協力者にして、彼女から情報を取ろうか、それとも、捜査員が「常連」のふりをして情報を取ろうか、などと考えた。ポイントは、我々が期待している情報を取れるかどうかだが、女性がそれを取ってくるかは微妙、核心に触れる話は女性に明かさないだろうと考えた。

実は風俗店の中には、警察に協力的な店が結構ある。店が協力的かどうか判断するには、所轄署の公安係を通して生活安全課に聞けばわかる。過去に摘発を受けたことのある風俗店は警察を嫌うが、そうでない場合は所轄署に協力的なところもある。

たとえば、社長が格闘技のプロモーターをやっている都内の風俗店では、日頃から試合の警備に関することなどで警察と付き合いがある。こういった店だと、店長やオーナーなどから貴重な情報を入手することができるのだ。わざわざ警察のために、ターゲットと世間話をしながら情報を聞き出してくれることもある。

そして、この外国人が入れあげていた風俗店は、運よく警察に協力的な店だった。そこで、定期的に店長に会って親しくなった。すると、その外国人が何を話しているのか、見えてきたのである。お台場の国際展示場などで開催される警備グッズや防弾チョッキなどの展覧会に足を運び、情報収集していたのだ。さらに、行きつけのレストランやバーを張り込んだところ、企業の幹部と見られる日本人や同僚の外交官と会食していたことも確認できた。

こうなると映画の話のようだが、東京でこんなことが現実に起きているのだ。

捜査のための瞬間記憶術

少し特殊なケースの話になったが、たいていの場合は、スパイが立ち入りそうな場所にずっと滞在して、自然な形で監視をする。私は実際に、街で「看板持ち」の格好をして監視したこともあるし、駅の近くにある釣り堀の前で早朝に開店を待っているような素振りをしてクーラーボックスに座ってスパイの動きを見ていたこともある。ドラマでも見るような、宅配業者や水道工事業者に変装をする捜査員もいる。

こうした状況では、あからさまにメモを取るわけにはいかない。そういうときに役に立つのが瞬間記憶術である。これは特殊能力ではなく、訓練で得られる。上司や先輩に現場で仕込まれるから、私も含め公安捜査員の多くが身につけているはずだ。

どのように訓練をするかというと、たとえばレストランに行ったとする。先輩から「一瞬後ろを振り返って、なにがあるか言ってみろ」と言われる。その通りにしてみて、人物や家具などをカメラでシャッターを押したように記憶する。

ポイントは、あまり細かいところにこだわらないことだ。魚眼レンズのように広い範囲を見て、頭を動かさずに目だけ動かす。すると視界が広がってくる。対象を凝視するのではなく、視界の片隅に入れておく、といった具合だ。不思議なことに、違うやり方だといろいろなものが記憶に残らない。人を見ようと思うと顔しか見ていないのが人間というものだ。「どんな靴を履いていた？」といわれて、覚えていなかったりする。

こうした訓練を何度も繰り返すと、記憶だけで現場の見取り図を再現できるようになる。メモを取る必要がなくなるし、人の顔や名前も一度見ただけで覚えてしまう。道に迷うこともない。日常に役立ててみてはどうだろう。

警察御用達のスナック

公安警察の日常をいくつかを紹介してみたが、どう思われただろうか。最後に、警察内部の飲み会に関するソフトな話題でこの章は締めくくろう。

警察、特に刑事部と公安部は、スナックを使うことが多い。公安は公安だけで飲みたがる傾向がある。他人の目が気になってしようがないから、半密室のようなスナックを好む。刑事はというと、店で過去に摘発した人などと出くわしてトラブルを起こしたくないから、やはり店主と懇意であまり広くないスナックのような店を選びがちだ。5000円なら5000円と飲み代の上限が決まっているケースが多い。

警察署の近くや、警察学校の近くには、こうした警察官御用達のスナックが何軒かある。一般の人が入れないということはもちろんないが、警察が貸し切りをお願いすることもあって、そういうときには入れないこともあるはずだ。捜査情報を交換したりすることもあるから、ここでも警察は警察なのだ。

稀にだが、街場のチェーン居酒屋で苦々しく思うこともある。警察官は捜査の現地対策本部を「ゲンポン」というが、店に先に着いたらしい若い連中が「あー、○○にゲンポン設置、ゲンポン設置」などと電話で伝えていて、大丈夫か、となったりする。警察情報をさまざまな組織が収集しようとしているのを知っているからか、「俺たちは警察だ」と丸わかりになるような言い方をして、話を聞かれたらどうするんだ、と思ってしまう。これもカウンターインテリジェンスを専《もっぱ》らにする外事警察の習性かもしれない。

コラム②
戦前の共産党を壊滅に追い込んだ〝スパイM〟

日本共産党が戦前、非合法政党だったことはよく知られているが、党員やシンパの相次ぐ検挙によって資金難に陥ることがしばしばあった。

とりわけ、「非常時共産党」といわれた１９３１年から翌年にかけては、資金を捻出するために、株券を拐帯《かいたい》したり、美人局《つつもたせ》で金を巻きあげたりするなど、手段を選ばない方法もとられた。それがもっとも過激な形で表れたのが大森銀行ギャング事件（赤色ギャング事件）である。

１９３２年10月6日午後4時ごろ、東京市大森区（当時）の川崎第百銀行大森支店に拳銃を持った３人組の覆面男が押し入って発砲したのち、現金３万１７００円を奪って逃走した。所轄の大森警察署は、ただちに緊急配備を敷いたが、すぐには犯人検挙に至らなかった。３人の実行犯のうち２人は共産党員で、もう１人は臨時に雇った不良だった。

警視庁特別高等警察（特高）は強盗事件の捜査を進めていくうちに、10月30日、熱海温泉で共産党の幹部が重要案件を討議するために全国代表者会議を開催するという情報を入手し、捜査員たちがその数日前から湯治《とうじ》客を装って現場近くに潜行していた。

ところが29日の夕方になって、捜査員が「人の集まりが悪く、主要メンバーが来ていない。このまま会議を中止する動きがある」という報告を上げてきた。そこで集まった者だけでもと当日の未明に急襲することになった。

午前4時50分、特高は党員が宿泊している旅館を包囲し、一斉に踏み込んだ。逮捕容疑は治安維持法違反だった。

武装した共産党員による抵抗があったものの、代表者会議に出かけてきていた共産党の地方代表者11名は全員逮捕された。

実は熱海と同日に別の場所で党中央部が次々と逮捕されたのだが、特高に党内の情報を流したばかりでなく一斉検挙のシナリオを描いていたのは、後に「スパイM」として知られた松村昇こと飯塚盈延《みつのぶ》という男だった。

学生時代、成績がよく天才と言われていたMは共産党初期の党員になり、モスクワの東方勤労者共産大学（クートヴェ）に留学するほど、党内でエリートコースを歩んだ。ところが留学中に共産主義に幻滅し、帰国後に特高に検挙されたのをきっかけに転向して警察の協力者になった。共産党は当初、飯塚がスパイだとは気づかなかったという。

しかし、熱海で一緒に検挙されたはずなのに、取り調べや公判などで飯塚の名前が出てこないことを不審に思った党員たちは、彼が警察のスパイだと考えるようになる。

熱海事件で、幹部が軒並み逮捕され、壊滅的大打撃を受けた共産党が、スパイMに恨みを抱いたことはいうまでもない。飯塚がどこに潜伏しているのか、共産党はその後徹底的に調査したという。

作家の松本清張はその著書『昭和史発掘』でスパイMを取り上げ、「こうした種類のスパイとしてはマリノフスキーが有名だが、松村（注・Mのこと）のそれははるかにマリノフスキーを超えた稀代の才能」と評している。

第3章

公安部外事一課

ロシア・スパイを追う

公安警察のルーツ

日本史上、最大かつ最も有名なスパイ事件といえば、戦時中に特別高等警察（特高警察）が摘発した「ゾルゲ事件」であろう。ドイツの新聞「フランクフルター・ツァイトゥング」の記者として日本で暮らしていたリヒャルト・ゾルゲが、ソ連のスパイであることを突き止め、協力者である尾崎秀実《ほつみ》らとともに逮捕した事件だ。

たびたび映画化されていて、本木雅弘が主演した『スパイ・ゾルゲ』（篠田正浩監督、２００３年）をご覧になった方もおられるかと思う。ゾルゲは１９４４年に処刑されたが、戦後、恋人であった石井花子によって多磨霊園（東京都府中市）に墓が建てられた。石井自身も２０００年に没したのち、ともに眠る。

黒い御影石《みかげいし》で造られたゾルゲの墓には、献花が絶えない。花輪やウォッカが備えられていることもある。処刑から80年経ったいまも、ロシアの大使館員が、頻繁に訪れているからだ。大使館員だけでなく、来日した政府要人がゾルゲの命日（11月７日）や対独戦勝記念日（５月９日）にあわせて墓参することもある。黒御影石の墓石に彫られているロシア語は、「ソビエト連邦英雄」の言葉。「我々は英雄的スパイを忘れない」と、ロシア政府は言い続けている。そして、スパイ・ゾルゲを摘発した特高こそ、外事警察を含む、現在の公安警察のルーツだ。

では、公安警察とはいかなる組織なのか、この章では、その歴史と私自身の経験からお伝えしよう。

太平洋戦争に敗北し、日本の警察組織を束《たば》ねていた内務省は解体され、国家公安委員会に指揮される警察庁が、全国の警察を束ねる仕組みとなった。時を経ずして東西冷戦が激化し、１９５０年には朝鮮戦争が勃発する。第1章で触れた、横須賀の米海軍基地の情報を盗み出していた「劉香英事件」が起きたのは１９５５年のことだ。終戦からまもなく、スパイは日本に入り込んでいた。

日本とドイツを降伏させたときに連合国軍が描いていた青写真とはまったく異なる厳しい対立環境のなかで、警察を迅速に立て直すには、旧体制の人員を再登用するほかなかった。ゼロベースで制度を作っていく時間的余裕など、戦後の日本にはなかった。

このことは、党派を超えて共通の認識があったようだ。朝鮮戦争の開戦からおよそ1か月後の1950年7月15日の参議院本会議では、日本社会党の議員が次のように代表質問で述べている。

国内に六十数万の朝鮮人が在住しまして、しかも本国同様深刻な抗争を行っております。又密航、密輸入も跡を絶っておりません。さらには今日国内におきましていろいろな破壊活動が行われ、暴力革命への推進が行われておるのでありま す。かような場合におきまして、政府は治安の維持に万全の措置を講じ、民主主義制度の不安動揺をなくして行くようにしなければならんのであります。

公安警察はこうした時代背景のもと、旧特高警察を引き継ぐ形で発足した。特高警察というと、どこか陰湿でネガティブなイメージを持っておられる方も少なくないだろう。戦前・戦中を描いた小説や漫画では、相互監視を推奨したり、検事と特高警察とが治安維持法を運用し、拷問《ごうもん》などの人権侵害や思想弾圧を行う場面は、暗い戦中イメージを描く「定番」のひとつだ。吉田茂首相は、自身が大戦末期に憲兵隊に拘束された経験もあり、先の議員の発言に、「特高警察の復活は望まない」という趣旨の答弁を行っている。

とはいっても、現実にスパイや破壊活動を行いかねない人物を察知し、捜索するには熟練の技術が必要である。にわか仕込みで担える業務ではないため、旧特高警察の人々を採用するよりほかないのではないか。こうした見方が、東西対立のなかで強まっていった。

第3次吉田内閣の法務総裁（現在の法務大臣にあたる）だった大橋武夫はこうしたスパイの流入を防ぐための人材の未熟さについて、率直に国会で答弁している（1951年2月20日・参議院予算委員会）。

特審局（法務府特別審査局。GHQにより禁止されている政党・結社の調査などを行った組織。公安調査庁の前身のひとつ）の人的機構という点につきましては、必ずしも今日これを以《もっ》て万全であると考えるものではございません。終戦後の特に共産党の関係の対策の機構といたしましては、従来戦時中或《あるい》は戦前におきまして、この方面の特別の仕事を担当いたしておりましたるいわゆる各警察における特高警察の関係者というものは、これはいわゆる公職追放の取扱を受けておりまして、特審局において使用することができないのであります。

従いましてこの特審局の今日の人員といたしましても、この仕事についての熟練者、エキスパートというような人たちは殆《ほと》んど現在はまだないのであります。少くとも従来からのエキスパートではない、特審局と共にこの仕事に入り、そうしてこの仕事の今後熟練の途中にあるという人たちばかりであります。従いまして一部の説といたしましては、従来特高警察において相当訓練を積んだところの昔の特高警察職員を相当この中へ取入れてはどうか。そういう説もある……

「なしくずし」という言い方がよくないが、このように少しずつ「特高の復職やむなし」という空気が醸成されていった。特に1951年、GHQが占領政策を転換し、公職追放者の処分解除を行うと、この流れは決定的になった。警察庁、警視庁公安部、公安調査庁の上級幹部職に旧特高警察の人々が多く復職した。

「公安というのは戦前では特高ですね……思想的問題や社会運動などを取り締まるんだけれども、昔からエリート意識があって」（鍬本實敏『警視庁刑事』）と、昭和に活躍した先輩刑事も書いている通りだ。

ゾルゲ事件という「成果」

これまでの章でも述べてきたように、スパイの追尾・捜索というのは、実際にさまざまな技術を要する。本章の冒頭で触れたゾルゲ事件は、いわば特高警察にとって最も華々しい「成果」でもあった。

あらためてゾルゲ事件のあらましを見てゆこう。1933年9月、ドイツ紙「フランクフルター・ツァイトゥング」の東京特派員として、リヒャルト・ゾルゲは来日する。ロシア帝国時代のバクー（現アゼルバイジャン）の出身で、父はドイツ人石油技師、母はロシア人だった。3歳の時、一家でベルリンに移住するが、生涯、この出自に悩んだと言われている。

来日したゾルゲは、ナチス党員、ドイツ大使館の私設情報担当として活動しつつ、横浜で対日諜報機関であるラムゼイ機関を作り上げた。近衛文麿首相らと親しかった尾崎秀実をはじめ、西園寺《さいおんじ》公望《きんもち》元首相の孫で近衛のブレーンの一人だった西園寺公一《きんかず》、アメリカ共産党員で洋画家の宮城与徳《よとく》、ドイツ人無線技士のマックス・クラウゼンとその妻アンナ・クラウゼンなどをメンバーとする、大掛かりなものであった。

ゾルゲが協力者と接触するときには、さまざまな「合言葉」が用いられた。

たとえば、協力者が太くて長い葉巻をポケットから取り出し、手に持つ。次に、ゾルゲはパイプを取り出し、火をつけるのにわざと失敗する。すると、協力者が自分の葉巻に火をつける。そして、ゾルゲもパイプに火をつける。二人は、この店ではいっさい会話しない。やがて、店を出た二人は、別の場所で面会する。そして、ようやく秘密資料を手渡す。

これほど用心していたゾルゲが、摘発されるきっかけとなったのは、無線だった。ゾルゲは尾崎や西園寺から得た情報のうち、緊急を要するものについては、無線でソ連に打電していた。それらのなかには、日本はソ連に対し宣戦布告する意思があるのか、アメリカに対する宣戦布告をいつ行うのか、といった情報も含まれていたと言われている。この無線が都内から発信されていることに気がついたのが、特高警察だった。

1941年10月というから、ゾルゲが日本で活動を始めてから8年を経てようやく、警視庁特高一課と同外事課によって国際スパイの疑惑で尾崎が検挙された。数日後にゾルゲやラムゼイ機関のメンバーが一斉に逮捕された。そして、裁判を経て、1944年にゾルゲは処刑される。ソ連は、スターリンの時代はこれを黙殺していたが、1960年代に彼を英雄として叙勲した。

政界にとってはとんでもないスキャンダルだったゾルゲ事件だが、無線による通信をきっかけに、幾重にも張られたガードをかいくぐってスパイ網を一網打尽にしたこの事件は、やはり日本警察史において、特筆すべき事件だろう。

戦後の対ソ恐怖心

特高警察の流れを汲《く》む日本の外事警察が、伝統的に恐怖感をもってロシアと対峙《たいじ》してきたのは、納得のいくところだろう。日本に敵対的、かつ規模の大きい諜報活動を仕掛けてくる国家はロシア、中国、北朝鮮、その他数か国に限られる。そのなかで、ここまで述べてきたように、練度の高いスパイを養成し、市中で活発に活動させているという点において、ロシアは際立っている。勢い、戦前からの共産主義国家への強い警戒意識は、戦後の公安にも流れ込んでいるのだ。

1950年代には、シベリア抑留者の問題が加わり、対ソ（対ロ）観はいっそう厳しいものとなった。終戦時、ソ連は満州にいた数十万人もの日本人を拘束し、多くを「戦犯」と決めつけ、シベリアで強制労働や思想洗脳を科した。やがて抑留された人たちは日本に帰還するが、そのなかにはソ連の思想教育に洗脳された人も少なくなかったとされる。彼らが、ソ連による対日諜報活動を支えるのではないかという恐怖が、戦後の外事警察に広がった。

警戒感をさらに強めざるを得なかったのが、シベリア抑留から帰還した人々の社会的地位である。不当に拘束され、極寒の地で強制労働に従事させられたことへの国民的同情心もあいまって、生きて帰った人は政官財のあらゆるところで高い地位を占めた。もちろんそうした人々がすべてソ連に洗脳されていたわけではないが、満州・シベリアからの帰還者は、独自のネットワークを形成していたため、情報工作のルートが膨大に広がっていたのである。

その代表的な例とされるのが、伊藤忠商事会長にして中曾根康弘元総理のブレーンでもあった瀬島龍三だ。瀬島は、太平洋戦争末期数か月と、終戦後の11年間をソ連で過ごしている。前者は「外交・軍事機密文書を在モスクワ日本大使館及び武官室に届ける役目」（瀬島龍三『幾山河』）、後者はシベリア抑留だ。シベリア時代は、過酷な屋外労働ではなく、屋内労働だったらしい。彼が戦後、何を行っていたのか、真相はいまだ藪の中だが、初代内閣安全保障室長を務めた元警察官僚の佐々《さっさ》淳行《あつゆき》氏は、『私を通りすぎたスパイたち』のなかで、「昭和三十年代、ソ連大使館員の尾行を続けていると、その館員と接触する日本人ビジネスマンがいた。それが瀬島だった」と記している。少なくとも何かのやり取りはあったとみていいだろう。

ゾルゲのようなプロフェッショナルなスパイを使い、洗脳された協力者による対日諜報活動を行う――。ソ連に対するこうした意識を、戦後の公安は生まれもっていたと言うことができる。だから、冷戦中はソ連担当の課長は、「超」がつくエリートだった。だいたいはキャリア官僚が配置され、のちに警視総監になった人もいた。佐々淳行氏も、１９６０年代に警視庁公安部外事第一課長を務めている。

「30年後」を見通していた対ロシア課報の先輩

１９８９年、ベルリンの壁が崩壊して冷戦が終結し、91年には「保守派クーデター」事件によってソ連そのものが消滅する。私が警察に奉職した90年代半ばには、ロシアは経済不振に苦しんでいて、莫大な核戦力さえなければ、世界で重視されるべき大国の地位をいつまで保てるかという有様だった。

「これからの脅威は北朝鮮と中国だ」という人は少なくなかったし、実際に90年代にはロシアよりも北朝鮮による不審船とその工作活動が活発で、耳目を引いていた。99年には能登半島沖で北朝鮮の不審船に対して海上警備行動が発令され、海上保安庁と海上自衛隊が実弾を発射するという一幕もあった。不審船や北朝鮮の工作員を鎮圧するために、日本初の特殊部隊である海上自衛隊特別警備隊が創設されたのは２００１年のことだ。

しかし、外事警察の先輩たちは、「ロシアの諜報活動は続いているし、やがて彼らは復活する」と信じていた。組織が規模や人員を維持するための、「慣性の法則」のようなものが働いていなかったわけではないだろうが、ひとたび対ロ防諜の技術と伝統が失われてしまうと、回復不能なことになるという先輩たちの警戒心は本物だった。そして、対ロ防諜能力が日本から失われたあとに、もしロシアが復活したなら、恐ろしいことが起きると彼らは確信していた。

プーチンのもとでロシアが再び強大化し、ウクライナへの軍事侵略を行った現在から見ると、ロシアに警戒心を持ち続けた先輩たちの慧眼も、ご理解いただけるのではないか。ソ連崩壊から30年以上経ったいま、正しさが証明された。防諜活動には、気の遠くなるような組織的対応が必要なのだ。

ロシア・スパイの規模

現在、ロシアのスパイは日本においてどのくらいの規模で活動しているのだろうか。

これは、「スパイ」の定義による。港区麻布・狸穴《まみあな》にある在日ロシア大使館には、70～80人の外交官がいる。このなかで、第1章で述べたような、GRU、SVR、FSBなど諜報機関に所属する人物は30人程度だ。専門組織に所属し、外交官の身分で活動する彼らは「プロパー」と言えるだろう。この数字が、日本にいるロシア・スパイの「最小値」である。札幌や新潟、大阪にはロシア総領事館がある。ここにも数名いる。

港区高輪《たかなわ》には、大使館とは別に、ロシア通商代表部がある。彼らは貿易関係を司るが、経済スパイやその協力者がかなり多くいる。日本国内でのスパイ関連事件では、この通商代表部所属の人物が多く確認されているのだ。軍事関係ではないスパイは、こちらに多くいると考えていい。

さらに、協力者まで含めると、その数は膨大なものとなる。ロシアの国営タス通信のスタッフが日本にいるが、彼らは世論工作などに協力している。航空会社アエロフロートにも協力者がいる。

たとえばタス通信の協力者は、どのようなことをしているのか、ひとつ例をあげよう。

２０１４年、ロシアはウクライナ南部のクリミアに兵力を展開し、住民投票を経て「併合」（ただし国際社会の承認は得られていない）を宣言した。このとき、東京では在日ウクライナ人がロシア大使館前に集まって抗議行動を行ったのだが、２０２２年の侵略ほどの反感が日本人にはなかったとみえて、在日ウクライナ人ばかりの小規模なものに終わった。タス通信の記者は、このウクライナ人グループを撮影し、身元調査などを行ったらしい。抗議活動の参加者たちはその後、ロシア政府から脅されたり、嫌がらせを受けるなどといった被害を受けることとなってしまった。

このような活動をする「協力者」は、スパイだろうか、スパイではないのだろうか。その線引きが難しいことは理解されるだろう。タス通信の記者らは、たしかにスパイに情報提供を行っている。しかし、別に彼らが意志をもって情報工作を行っているわけではなく、いわば手先にすぎない。自ら進んで諜報活動を行っているわけではない彼らもスパイに含むと、数百人から数千人という規模になってもおかしくない。

とはいっても、彼らが一致結束して、諜報活動を行っているわけではない。むしろ実情は逆で、GRU、SVR、FSBはお互いに仲が悪い。伝統的な相互不信があり、予算だけでなく権力に関わる縄張り争いも激しく、「自分たちの邪魔をされたくない」とお互いに思っており、情報を共有することもない。彼らは駐日機関のトップである大使の指揮命令下にもない。それぞれに独自の行動をとっている。

大使といえば、彼らはロシア外務省の官僚であり、スパイとは見做《みな》しにくいが、やはり相当に訓練を受けている。2022年に離任したミハイル・ガルージン大使（帰国後はなんと外務次官となっている）は、テレビでご覧になった方もおられるかもしれないが、日本人より上手いくらいの日本語を話す。それもそのはず、父親がソ連の駐日外交官で、幼少期を日本で過ごしている。本人自身、何度も日本に外交官として駐在している。ロシア外務省における「ジャパン・スクール」といったところだろうか。

世代を超えて作り上げられた対日工作活動ファミリーとは恐れ入るが、こうした精度と規模でさまざまな工作を仕掛けてくるのが、ロシアという国なのである。

蘇ったスパイ大国ロシア

一般にロシア人は我慢強いといわれるが、それはスパイについてもいえそうである。私たちの業界では、尾行されていないか確認することを「点検」、尾行の恐れを減じるように複雑な行動をして撒くことを「消毒」というが、大使館付のロシア・スパイは、これを恐ろしく入念にやる。

たとえば19時に銀座で誰かと会う約束があるとすると、14時か15時には大使館を出る。目黒まで専用車で行って降りると、また都心に向かう都営三田線に乗り換えて神保町に行き、いったん地上に出てから、都営新宿線で笹塚方面に向かう。新宿で扉が閉まる寸前にパッと降りたかと思うと、向かいの電車に乗り換える。市ヶ谷で降りると今度はタクシーを拾って、晴海に向かい……といった具合である。とにかく入念に、行方をくらまそうとする。

いったん目をつけると、長期間にわたってターゲットと関係を持とうとすることもある。第1章で詳しく述べたボガチョンコフ事件は、私の奉職中に起きたロシア関連摘発事件として最大のものだが、2010年代半ばには別の事件も起きている。警視庁が、元陸上自衛隊幹部（仮にYとする）を機密漏洩の容疑で検挙したのである。彼などは、数年にわたってロシアに目をつけられていたようだ。

Yに接近したのは、ロシア陸軍のコワリョフという男。コワリョフは、まだYが現役自衛官のときに一度接触を試みたが、あまりうまくいかなかったらしい。やがて日本を離れるも、数年後、Yが自衛隊を退官したあとに、再び日本に赴任してきた。

あるとき、ヨーロッパ某国の在日大使館がパーティーを開催したところ、狙っていたのか、偶然なのか、Yはコワリョフと再会する。実はその時点で外事警察は、コワリョフをマークしていたものの、Yには特に注意を払っていなかった。パーティー会場の様子を視察していた協力者から、コワリョフが、角刈りの精悍《せいかん》な男と話している、という知らせを受け、我々は参加者からそれがYだと割り出した。

こういうとき、マークするかしないかというのは、勘に近い。我々のチームが、Yとコワリョフ双方をマークすると、面白いことに、Yはコワリョフと会うときに限って、ひどく入念に「点検」をしようとする。退官後の一民間人で、他の人と会うときには決してしない「点検」。これは何かある、と我々は確信を持つことになった。

数年間も待って「協力者」にしたYから、コワリョフは入念に情報を抜こうとしたらしかった。尾行しても、何か話したりはしているが、決定的な証拠となるものはない。1年以上にわたる追跡が行われた。そしてついに、決定的な機会が訪れた。Yが自衛隊の内部で使うテキスト（「教範」という）をコワリョフに渡したのだ。

その結果として、Yは検挙されたが、コワリョフはやはり外交特権で大使館へと帰っていった。その後、Yは、軽微な情報を提供することで、ロシア側の情報を得ようとしていた、と供述した。自分がスパイをしているつもりで、協力者にされていたらしいのだ。

もしYとコワリョフの関係が長期間見過ごされていたら、どうなっただろう、と思わせられる事件が、2021年に発覚した。神奈川県座間市のある調査会社が、ロシアの経済スパイに、なんと30年以上にわたって情報を渡していたのだ。発覚しているだけで、この会社には1000万円以上の金が渡っていたが、実態はおそらくそんなものでは済まないだろう。日本の先端技術に関する情報を、本来の目的を偽って収集し、ロシア側に渡していたのだ。なかにはミサイル技術に関連するものもあったという。

この事件は、警視庁にとっては悔しいものだった。なぜなら、30年間にわたって情報を取られていたのに、それを把握できていなかったばかりか、事件を摘発したのが神奈川県警だったからだ。外交官の任期を考えれば、7代から9代にわたって引き継がれた「情報源」だったことになる。にもかかわらず、我々は気づけなかったのだ。

内調職員を籠絡したロシア・スパイ

事件はこれだけではない。驚くべきことにインテリジェンス機関の内部がスパイに侵食されていることが明らかになったケースもある。2008年に摘発された、内閣情報調査室職員の情報漏洩事件である。この事件は、欲というものがいかに人間を狂わせるかという好例だったともいえる。

情報を漏洩した内閣情報調査室の職員（仮にXとする）は、中国語に堪能、同調査室でも中国関係のエキスパートとして採用されていた。どちらかというと、資料を読み込んで分析・報告するのを得意とする人物だった。

彼にとって不満だったのは、1993年に大森義夫氏が同室室長として赴任してきたことだった。大森氏は東京大学を卒業後、警察庁に入庁した、バリバリのキャリア。警視庁公安部外事第一課長や警視庁公安部長を歴任している。この大森氏はキャリアなのに「デスクに張り付いていないで、情報は足で取ってこい」といういささか古めかしい警察官タイプで（それはそれで正しいのだが）、資料の解読を得意とするXのような人物にもそれを要求したらしい。

カウンターインテリジェンスの訓練などを受けていない人物を、野に放つというのは、やはり危険極まりないことである。Xも、もちろん座学中心の研修などは受けていたが、実践的トレーニングを受けたわけではなかったらしい。やがて、ジャーナリストの紹介によって、ロシアの外交官リモノフと出会う。「足で情報を取って」こようとした末に、中国関係の情報を得られるかもしれないとの思いから、ロシア・スパイと接触してしまったのだ。リモノフは、GRU所属のスパイだったのである。

何度か会ううちに、ロシア側（リモノフはしばらくして離日するが、Xとの関係は大使館内で引き継がれていた）は、金券類を渡し始め、それが現金に変わっていった。その額は1万が5万に、5万が10万に、といった具合に増えていく。最初のうちは、「何かあれば返せばいい」と考えていたが、消費していくうちに、額も膨らんでいった。検挙された際には80万円余りを受領したということになっているが、これは警視庁が追っていた1年程度で証拠を固められた額だけ。90年代後半から２００８年まで関係は続いていたのだから、どれくらいの金がつぎ込まれていたかはわからない。

Xも、機密情報のやり取りなどは行わないよう用心していたが、ロシア側も心得たもので、ほとんどの時間を雑談に費やしていたことが判明している。おそらく、これは本当だろう。本物のスパイは、そのくらい「待てる」のである。相手が内調の職員だとわかれば、そう易々と関係を切りなどしない。

Xにとって第二の不満ないし転機となったのが、内閣衛星情報センターへの異動だった。これは、外交・防衛等の安全保障及び大規模災害等への対応等の危機管理のために必要な情報収集を行う部署である。２０００年代半ばは、北朝鮮の核兵器開発探知や中国の弾道ミサイル開発、それにチベットでの人権弾圧とその隠蔽の探知など、衛星から情報を拾う重要性が増し始めた時期だった。おそらくXはそのことは理解していただろうが、「情報を足で取ってくる」ことまでは中国についてのエキスパートとしての範囲内だとしても、衛星情報の解析は「専門外」だと思ったのだろう。

数年にわたる交流のなかで、Xはこの人事異動についての不満を、ロシア側に漏らしてしまった。そして、言うまでもないことだが、ロシアにとっては衛星情報の解析がどこまで可能かというのは、喉から手が出るほど欲しい情報だ。突如、ロシアの「猛攻」が始まった。

渡す金額を釣り上げたかと思うと、いきなり切り下げたり、あるいは関係を切ることをあえて匂わせたりした。数百万円にも積み上げられた資金は、それだけでも人間の負い目になる。そこに心理的圧迫をかけたり、逆に寄り添うような言葉をかけたりもした。こうなると、十中八九、相手の策にはまってしまったようなものだ。Xは、今でいうＯＳＩＮＴ（Open Source Intelligence）のレポートを渡すようになった。あくまで公開情報ベースであり、自身の私的な情報提供だと考えたらしいのだが、まもなく彼は検挙されることになる。

「重要情報ではなかった」は通用しない

内閣情報調査室のXにしても、陸上自衛隊のYにしても、よく言われるのは、「大した情報を渡したわけではない」という反論だ。XのOSINT情報にしても、Yの教範（テキスト）にしても、確かに極秘の重要情報とは言えない。

とはいえ、そんな極秘の重要情報が渡るようになるまで検挙できなかったら、それこそ本邦のカウンターインテリジェンスは、致命的に危うい。その前に探知し、軽微な情報で済んでいるうちに検挙しなければ、それ以上の情報が漏洩しない保証などどこにもない。

おそらく、XもYも、「重要情報など渡す気はなかった」と言うだろうし、本気でそう思っているだろう。しかし、我々から言わせると、何かを渡している段階で、「そんな言い訳は通用しない」のである。

なぜなら、いかに軽微なものであっても内部情報を外に漏らしたということになると、スパイからすれば確実に脅せるネタが増えたことになる。「いつでもお前のクビを取れるぞ」という状況になっているのである。その上、どのケースでも金がつきまとう。「関係を切りますか」という脅しは、単に「金の切れ目が縁の切れ目」ということを意味しない。「切った後にお前がどうなるかわかっているんだろうな」というシグナルを、確実に含んでいる。生命など奪わずともよい、社会的生命を簡単に断ち切れる。そうしたアドバンテージを、ロシア側に握られてしまうのが、「情報を提供する」ということなのだ。

アナログ回帰するロシア・スパイ

ロシアの情報提供については、最近、気になる動きがある。アナログに回帰しているのだ。

たとえば、すれ違いざまにメモなどを渡すことを「フラッシュ・コンタクト」という。1980年に摘発された宮永＝コズロフ事件（陸上自衛隊のソ連専門家だった宮永幸久陸将補がユーリー・コズロフ大佐に情報を渡していた事件）では、彼らが御茶ノ水駅近くでこの手法で情報を渡していた現場が押さえられている。

この手法が、実は、先述の座間市の企業とロシアとの情報提供に使われていた。2020年代になってこのようなアナログな方法が取られるのかと私も少し驚いたが、これだけではないらしい。いくつか例を挙げてみよう。

「フラッシュ・コンタクト」のバリエーションだが、すれ違いざまに渡すのではなく、情報の入った容器を歩きながら投げ捨てると、後から来た工作員が即座にそれを拾うという方法がある。これも1980年代によく見られた手法だ。

「デッド・ドロップ」という方法もある。人気《ひとけ》があまりない神社や公園のベンチ付近に、情報の入った容器を埋めておく。ベンチや看板に、それとわかるような目印をつける場合もある。時間がたって、工作員がそれを回収し、別の目印をつけておく。

喫茶店やバーなどで、マッチの受渡しに偽装した方法もかつては用いられていたが、これはあまり復活していないらしい。そもそも喫煙できる場所が限られるようになった上に、マッチを置いている店がほとんどなくなったからだ。

テレグラムやシグナルといったアプリで情報共有が行われていた時期もあったが、これらは盗聴したり解析したりすることができる、ということなのだろう。テレグラムは秘匿性が高いとうたわれ、2019年の香港デモなどで盛んに使われたが、現在のところ、ロシア・スパイはこの使用を控えている。ゾッとするような話だが、彼らの行動が示している事実は、その逆のことだ。

そしてゾルゲは顕彰され続ける

２０２０年12月、小さく伝えられたウェブ記事に、私はロシアの「本音」を感じた。東京・多磨霊園にあるゾルゲの墓の管理権を、ロシア政府が取得したというのだ。ロシア大使館員や来日した政府要人がゾルゲの墓参に訪れていることは、本章の冒頭に書いたが、彼らは墓そのものを自らのものとしたのだ。

定期的にロシア大使などが墓参りをするのが、外交官によくある慣例重視によるものなのか、それとも本気でゾルゲを顕彰する意図がある——ということは日本政府と外事警察を実は敵視し続けているということになるだろう——からなのか、私も現役のときには判然としなかった。だが、記事には概略、次のようなことが書かれていた。

２０２０年は、ゾルゲ生誕１２５周年に当たっており、多磨霊園で行われた式典にはロシアをはじめ旧ソ連諸国の大使や、儀仗《ぎじょう》兵も参加していた。ガルージン駐日ロシア大使が、「ゾルゲが旧ソ連の自由と独立を守った」という趣旨のスピーチを行い、花輪、ウォッカ、ピロシキなどが供えられたそうである。この式典で、ゾルゲの墓の権利を在日ロシア連邦大使館が相続人より譲り受けるべく交渉している旨が公表された。

その後、年末には墓所の使用権を在日ロシア大使館が正式に譲り受けることになったことが明らかにされた。大使館は、「これからもゾルゲにしかるべき敬意を示していきたい」と述べた。

処刑された大物スパイに対する「敬意」。それも、墓所の管理権をわざわざ大使館が引き受けるという示しよう。彼らの「本音」が、不気味なまでに響くように思われた。

コラム③

ソ連の「大物スパイ」レフチェンコ

日本外務省は2022年4月、ロシア軍のウクライナ侵攻によって多くの民間人が犠牲になっているとして、ミハイル・ガルージン駐日ロシア大使（当時）を呼び寄せ、在日ロシア大使館の外交官ら8人の国外退去を通告した。ウィーン条約の定めに基づいて、「ペルソナ・ノン・グラータ（好ましくない人物）」と判断したわけだが、彼らはいずれも、日本国内でスパイ活動を行っていた可能性がある。

戦後、世間の注目を集めたロシア（ソ連）のスパイといえば、真っ先に名前が浮かぶのが1979年にアメリカに亡命したソ連国家保安委員会（KGB）のスタニスラス・レフチェンコ少佐。彼は日本で積極的な諜報活動を行い、政治家や学者など200人もの日本人協力者を作り上げた。

レフチェンコが米下院情報特別委員会で日本国内での諜報活動について証言した内容が1982年12月、日本で伝えられると、国内に衝撃が走った。

当時の新聞には、「KGB、日本有力議員に資金」（同年12月10日付読売新聞夕刊）、「日ソ友好議連を組織」（同日付毎日新聞夕刊）といった見出しが躍っている。

レフチェンコはモスクワ大学付属の東洋語学研究所の学生となり、6年間にわたって日本語や日本の歴史、経済、文学などを学んだ。大学院では日本の平和運動の歴史に関する論文を書いている。大学院卒業後にKGBに入り、1970年、大阪万国博覧会でKGB高官の通訳として来日した。

1975年、KGB東京代表部へ。その任務は、日本の政界や財界、マスコミ関係者と接触し、日本の世論や政策が親ソ的になるように工作するというものだった。

レフチェンコは日本人の協力者をコードネームで呼んでいた。協力者として名指しされたのは、「ギャバー」こと勝間田清一（元日本社会党委員長）、「フーバー」こと石田博英（元労働大臣）など9名だったが、いずれも「事実無根」として疑惑を否定した。あるジャーナリストは、ソ連大使館で行われた革命記念日のパーティーで、ソ連紙の東京支局長という肩書をもって近づいてきたと証言している。

実は1983年3月、警察庁警備局外事課と警視庁公安部外事一課から2人の捜査員を渡米させ、極秘裏にレフチェンコに事情聴取をしたことがあった。ＦＢＩが間に入って、レフチェンコと面会する場を設けてくれたのだ。２人の公安捜査員は当初、レフチェンコが口を閉ざすのではないかと思っていたが、日本人協力者について饒舌に語ったという。驚いたのは、協力者が日本人だけではなかったことだ。

当時は冷戦期だったから、アメリカ人はソ連人に対してかなりの警戒心を抱いていたが、レフチェンコは、日本でアメリカ人を含むほかの外国人の人脈を築いていた。パーティーなどの社交の場でアメリカ人やほかの外国人と親しくなって情報を収集していたのだという。

もっとも、アメリカ人の人脈を築いたことが仇《あだ》となった。ソ連本国から二重スパイの容疑をかけられていたのだ。ＫＧＢで彼の後ろ盾だった幹部が失脚したこともあり、このままでは未来はないと思いアメリカへの亡命を決意した。元々彼は、アメリカに憧れていたこともあったという。

第4章

在外公館警備対策官

アフリカへの赴任

意外だったアフリカ赴任

日本の外務省は、海外の大使館や総領事館（まとめて在外公館という）に、警察官や自衛官を赴任させている。警視庁などから外務省に出向する形で、外交官として赴任するのである。これはあまり知られていないことかもしれない。

外交官の身分となった警察官や自衛官が何を担当するかというと、大使館などの警備体制の責任者である警備対策官や、査証（ビザ）の発給などを担う領事だ。私も2000年代の半ば、外交官（警備対策官兼領事）としてアフリカのある国の日本国大使館に勤務することとなった。

外事警察として奉職していた私にとって、在外公館への赴任は、予想できたコースだった。烏滸《おこ》がましいかもしれないが、語学能力には自信があったし、対人関係を構築するのも得意だった。多くの先輩たちも、フランス大使館やニューヨーク総領事館といった華やかな地域での業務を経験していた。2002年の日韓共催ワールドカップでスコットランド・ヤード（ロンドン警視庁）の人とも一緒に仕事したから、もしかしたらイギリス大使館に赴任もあるかもしれない、そんな期待もひそかにあった。プライベートなことだが、妻もそんな期待をしていたらしい。地味な警察官ライフではなく、数年間とはいえ、「外交官の妻」として海外に赴任するのだ。ロンドンだろうか、ワシントンDCだろうか、あるいはトルコのイスタンブールなんかも楽しいかもしれない。現地日本人会とのパーティーなどもある。あまり口には出さなかったが、そんな楽しみを心に抱いていただろう。

辞令が発表される日。そこに書かれていたのは、「(アフリカの)A国赴任を命じる」——嗚呼、アフリカ。改めていうまでもなく、在外公館は世界中にある。ケニアにもあればナイジェリアにもある。サンパウロにもあるし、マニラにもある。アフリカへの赴任を命じられても、何の不思議もない。それなのにどうして、ヨーロッパやアメリカばかり想像していたのだろうか……残念でなかったといえば、いくらか嘘になる。

そして次に脳裏をよぎったのは、「妻にどう伝えよう」ということだった。「外交官の妻」としての生活を楽しみにしていた妻に、「アフリカのA国に赴任することになったよ」と言ったら、卒倒してしまうかもしれない。どうしよう。

結論を言うと、泣かれた。

恐れられていたアルカイダ

そもそも、なぜ警察官が大使館や総領事館に赴任しなければならないのだろうか。日本の在外公館は、2024年時点で大使館155、総領事館67、政府代表部（国連やNATOなどに置かれる）11、合計233ある。これらの各所に配置される警察官や自衛官に期待されるのは、警備、情報収集、それに領事業務である。

警備についていては、わかりやすいだろう。大使館はその国の代表が執務する重要施設であり、それだけにテロリストや犯罪者、スパイなどの脅威に絶えずさらされている。最近の例でいえば、2023年11月に、東京にあるイスラエル大使館付近に右翼団体のメンバーが車で突っ込む事件が起きた。ガザにおける攻撃に抗議するためだった。あるいは、2019年10月に、在韓米軍に抗議する学生集団が、ソウルのアメリカ大使館に侵入するという事件もあった。

本来、大使館の警備は、受け入れ国（接受国という）政府の責任である。「外交関係に関する「ウィーン条約」（1961年）の第22条には、「接受国は、侵入または破壊に対し、使節団の公館を保護するためおよび公館の安寧の妨害、または公館の威厳の侵害を防止するため適当なすべての措置をとる特別の責務を有する」と明記されている。

つまり、日本にある大使館の警備は、アメリカであれロシアであれ、日本政府が責任を負わなければならない。だから、在京の主要国大使館近くを通りかかった人は見たことがあるだろうが、警視庁の機動隊がバリケードを張っていたり、警備車両が展開していたりするのだ。

とはいっても、国によって警備を担う軍や警察の能力はまちまちだ。装備や練度の問題もある。警備対策官は、相手国の警備能力に不足がないかをチェックし、増強を要請したり、必要な場合には民間警備員を雇ったりといった対策をとる。

また、万が一テロリストなどに突入されてしまった場合には、大使をはじめとする職員を安全な場所に誘導しつつ、警備チームを指揮して施設防衛にあたる。こうした、専門的かつ緊急時には生命を賭けなければならない職務であるため、警備対策官は警察や自衛隊から選ばれるのだ。

殊に、私が赴任した2000年代は、米国同時多発テロ（2001年）を起こしたアルカイダが、まだ世界中で猛威をふるっていた。「大使館を狙う組織」といえば、真っ先に想像されるのは、彼らだった。1998年に、アルカイダは、ケニアとタンザニアの米国大使館に対して爆弾テロを行っていたからだ。

ケニアの首都ナイロビのテロでは、爆薬を満載したトラックが大使館に突っ込み、5000人以上が死傷するほど、規模の大きな攻撃だった。隣接する民間ビルまで完全崩壊するという凄まじい光景は、世界に衝撃を与えた。日本政府関係のある施設も米国大使館の近くにあり、爆発の衝撃波で窓がバリバリに割れて崩落するという被害を受けており、「日本人だから安全」などと言っていられる状況では決してなかったのだ。

さらに、2001年9月11日の同時多発テロ事件。ニューヨークの世界貿易センタービルに旅客機が突入するだけでなく、米国国防総省も攻撃を受けた。アラブは親日的な人が多いとはいえ、日本がアメリカの主要な同盟国であるのは、周知のことである。日本大使館をアルカイダが狙うのは「想定外」ではまったくなかった。

大使や国会議員の移動ルートを守る

大使をはじめとする移動ルートを設定し、安全対策を講じるのも、警備対策官の職務である。

日本と違い、アフリカの多くの国では、車というのは犯罪者にとって非常に魅力的なカモだ。どの国でも大抵そうだが、ひとたび渋滞にはまるとたちまち物乞いに囲まれる。窓をノックしてくるくらいならまだいいほうで、ひどい場合には叩き割らんばかりの勢いで叩いてくるし、聞くに堪《た》えない罵声を浴びせてくることもある。

渋滞狙いの強盗も多い。「スマッシュ・アンド・グラブ」という、南アフリカやナイジェリアで有名な手口があり、渋滞にはまっている車の窓をハンマーや石などで叩き割り（スマッシュ）、目立つ金品をつかみ取っていく（グラブ）。車の中でスマホやタブレットを操作していたり、目立つところにブランドバッグを置いていたりすると、そういう目に遭いやすい。

２０２３年には、ほんの少し開けていた窓からいきなり手を突っ込まれて携帯電話を奪われた日本人男性が、取り返そうと車を降りたところ逆に集団暴行を受けて殺害されるという事件が、アフリカのウガンダで起きている。

渋滞を狙ったテロも、アフリカではあまり例を見ないが、ちょうど私が外務省に出向していた時期にパキスタンで起きた。主要都市カラチの市街地から空港に続く幹線道路で、元首相のパレードが行われて道路が混雑していたところ、自爆テロが発生したのだ。車と人のひしめき合うなかだったため、犠牲者の数も数えられないという戦《せん》慄《りつ》すべき報告を受けた。報道ではおよそ百数十人が死亡したと言われているが、肉片だらけで、正確なところはまったくわからなかったらしい。

物騒な話が続いたが、途上国において移動ルートの安全を保つというのはこれほど重要なのである。大使館の幹部級となると、どこに行くにしてもルートを最低3パターンは用意する。同一のパターンを繰り返せば、テロリストや誘拐犯に行動を読まれてしまい、突然の銃撃といった不測の事態に遭遇しやすくなるからだ。

そのため、ルートを変えられる程度に前進警備の車を走らせ、異常がないかチェックさせる。反政府デモは起きていないか、武装した怪しい集団はいないか、渋滞は起きていないか、そうしたことを報告させる。後続する本隊には武装警備を随伴させ、いざというときにはルート変更を指示したりして、安全を確保する。

大使だけでなく、日本から大臣や国会議員が訪問する際にも、こうした警備体制をセッティングし、実行する。ルート設定のために、犯罪多発地域の情報は常にアップデートしなければならないから、現地警察や民間警備会社から最新の情報を手に入れなければならない。

現地における情報収集

こうして、２つ目の任務である情報収集が必要になってくる。私が監修したドラマ『ＶＩＶＡＮＴ』に登場する自衛隊の秘密組織〝別班〟のような業務である。警察出身者は、警備対策官か領事として赴任するが、防衛省出身者は防衛駐在官、または警備対策官か領事という職位が与えられることもある。いずれについてもいえることだが、基本的には自国日本の国益や権益に対する脅威についての情報を集めている。

ただ残念ながら、日本の場合、アメリカやイギリスに匹敵する大規模なインテリジェンス活動とは言いがたい。日本の在外公館でやれることは、基本的な情報収集とその分析だ。

たとえば現地警察や軍、情報機関と連絡を取り、テロリストや犯罪者の情報を得る。どの地域に犯罪が集中しているか、といった情報や、日本人を敵視するような過激派組織やイデオローグがいないか、といった情報の収集に努める。

専門家を探して話を聞くこともある。大学などの研究者だけでなく、世界各国の兵器情報が載る年鑑の発行元などにアプローチしたりもする。予算もなければ、これ以上の活動を幅広く在外公館で行う義務もないが、できうる範囲で情報を収集している。

不審な日本人がいないか追跡することもある。1970年代に連続企業爆破事件を起こした過激派組織「東アジア反日武装戦線」のメンバーだった桐島聡が病死したと、2024年1月に大々的に伝えられたが、彼も海外に逃げているとみられていたため、情報提供を求める対象だった。このほか、日本赤軍関係者、凶悪事件の容疑者などの情報も集めた。

私の場合、ラッキーだったのが、キャリア出身のやかましい「上官」が、赴任国にいなかったことだ。警察庁にキャリア採用されて出向している人々は、情報収集こそが自分たちの役割なので、情報収集と人脈構築に精を出している。それはそれで結構なのだが、都道府県警などから出向している領事を格下に見るケースが少なくないため、情報収集にいちいち口を突っ込んだり、禁止する人もいる。私の場合はこうした人がいなかったため、自由にふるまうことができた。

相手に喜ばれたジャパニーズ・ウイスキーとポケモングッズ

情報収集のためにカウンターパートと会う際に、プレゼントを渡したり、少額の現金を渡したりすることもあるが、それらの予算はいわゆる「外交機密費」で賄《まかな》われる。どれだけの金額を使えるかについては、その在外公館の大使が決裁する。

そこで、私がまずしたことは、どんな土産物がウケるかというリサーチだった。その結果、私が割り出した「テッパン」のお土産品は、ジャパニーズ・ウイスキーとポケモングッズだった。今でこそ「山崎」や「響」はグローバル・ブランドとなったため手土産にするには高嶺《たかね》の花になってしまったが、当時はそれほど高価でなく、品質も安定しているため、酒を飲む人には大変喜ばれた。

ここで、「あれ、海外には酒類の持ち込み制限があるんじゃないの？」と思った方もおられるだろう。鋭い。海外から入国する際に、「酒類の持ち込みは1リットルまで」とか、「750ミリリットル瓶2本まで」などの制限をほとんどの国は課している。

ところが、外交の世界には秘密道具があって、「外交行嚢《こうのう》」というものがあるのだ。これは世界共通で、大使館貨物である外交行嚢は、航空会社もチェックできないし、税関も審査できない。荷物検査を受けることもない。いっさい手出しできないのである。なので、必要なだけウイスキーをそこに詰め込み、持ち込むことができるのだ。

余談になるが、厳格なイスラム教を奉じるいくつかの国では、酒類の持ち込みは一切禁止されている。ところが、外交官は外交行嚢を使えるから、大使館や総領事館にはウイスキーやワインを持ち込み、置いておくことができる。だから、在留邦人がパーティーなどで大使館に招待されると、現地ではめったにありつけない酒に行列ができたりする。サウジアラビアなどはことに厳格で、密売酒を探すのも難しいから、リヤドやジッダの在外公館のパーティーでは、何度もグラスを持ってなみなみと酒を注いでしまう日本人もいたりする。

私の赴任先のA国はイスラム教国ではなかったし、どちらかというと酒類の消費は活発なほうだったから、ジャパニーズ・ウイスキーの効果は高かった。それに比べると、日本酒や焼酎はあまり好まれなかったが、最近は「ＳＡＫＥ」のブランド化も進んでいるから事情は異なるかもしれない。

もうひとつのキラー・コンテンツのポケモングッズは大して値の張るものではなかったが、特にカウンターパートに小さな子供がいると、効果は絶大だった。おそらく、家庭で「素敵なパパ、ママ」を演出するのに一役も二役も買ってくれたのであろう。ひとたび渡せば、「次に一時帰国するときにまた買ってきてくれないか」と頼まれるほどだった。

地味に見えるかもしれないが、情報収集というのは、こうした努力の積み重ねで出来上がっている。どれだけ高価な物を渡そうと、高級レストランで会食しようと、相手に疑念を抱かれてしまえば何の意味もない。私も親しくなったカウンターパートとはそういう場を共にすることもあったが、これは信頼関係あってのことだ。絶妙な「入り口」を見つけ、そこからネットワークを張っていくのが、腕の見せ所である。

あるとき、Ａ国を、外務省の国際情報統括官組織のアフリカ担当トップが訪れたことがあった。情報機関の関係者に、アポイントを取って会いにくるというのだ。私はその国の対外情報機関にも国内情報機関にも食い込んでいたが、「他省出身者はあてにしない」ということなのか、私には何も伝えず秘密裏に情報機関を訪問しようとしていた。私は、大使館内での情報共有より先に、その国の情報機関側からこのことを知らされた。

ではどうぞご勝手にということで、私は何もしなかったのだが、その結果、A国の情報機関員はその担当トップに対して、「どうせ観光で来ているだけだ」という態度をとったそうである。念入りにネットワークを作るわけでもなく、突然やってきて、「大国日本の本省から来てやったぞ」といった態度をとられては、相手国としても面白いはずがない。普段から良好な関係を構築していないと、相手にしてもらえないのである。

アルカイダは実際に日本を狙っていた

「国民の血税」で賄われる外交機密費をそれだけ使うからには、成果が求められる。邦人援護のための情報を中心に、アルカイダ系のテロリストやその協力者、特にファンドレイザー（資金調達役）の活動など、さまざまな情報を私は本国に送った。おそらくその量は、各地の警備対策官でもトップクラスだったのではないかと思う。

アルカイダは当時、アフリカ各地で非合法経済のネットワークを張り巡らせており、そこから資金を吸い上げていた。主な手段は身代金目当ての誘拐と違法薬物の売買だが、それだけではない。

たとえば、ケニアは紅茶やコーヒーで有名だが、生産者の手元にはあまり資金が渡らない。アルカイダはそこに目をつけ、高級品をギャングなどのネットワークを使って手に入れて密輸し、ヨーロッパやアメリカに運び出して商売していた。ちょうど私が赴任していた時期に前後して、「コーヒーの生産者に正しく資金が行きわたるようにしよう」というフェアトレード・ブームが起きたが、もしかしたらアルカイダなどの非合法経済を壊滅させるという別の目的もあったのでは、と私は思っている。

２０００年代、私たちがアルカイダを危険視していたのには、もちろん理由があった。米国同時多発テロ多発事件からまもない時期、日本に対するアルカイダの攻撃計画が実際に存在したからである。当時、警察当局は一切発表しなかったが、日本は彼らのターゲットにされていて、摘発事件すら起きていたのだ。

事件は、米国の情報筋から警察庁に情報提供がなされたことにより発覚した。日本にいるアルカイダ・シンパの外国人が、テロを実行に移そうとしているというのだ。「ただちに捜査するよう勧める」、情報筋がそう言ってきたのである。

情報によると、数人の外国人が、東京都北区にあるマンションの一室を拠点にして爆弾を製造しているとのことだった。彼らは、アルカイダの指示を受けて行動しており、爆発物の製造指導なども受けていた。張り込みをしたところ、実際に数人の出入りを確認、東南アジア系外国人で構成されていた。

多くの捜査員を投入し、24時間体制でこれらの者を監視することになった。拠点のマンションは、会社役員を務めているQ国人が借りていた。このQ国人こそリーダーで、他の者が爆弾の材料となる薬品などを購入したりしていた。アルカイダと連絡を取っていたのは、リーダー役のQ国人。暗号を使ったメールを使用していた。

たとえば、日本からベルギーにメールが送られ、そこからアフガニスタンに転送される、という手の込みようだった。「仲間」の数人は、埼玉県戸田市や板橋区などのアパートに住み、それぞれ建設会社や飲食店、コンビニで働いたりしていた。

彼らの狙いは、特急列車の先頭車両を爆破し、脱線事故を起こすことであることも判明した。タイミングとして狙われていたのは２００２年のサッカー日韓共催ワールドカップ。海外から多くの選手や観客が来日することが見込まれており、彼らが移動に使う高速鉄道の先頭車両を爆破する計画だったのである。

テロリストたちは、爆弾を入れたスーツケースを列車に運び込むつもりだった。先頭車両に乗り込み、座席か荷物置き場にスーツケースを放置したまま次の駅で降りる。そして列車が発車して10分後に爆破させるという計画だった。数百キロで走る列車の先頭車両を脱線させれば、後続車両も脱線して大惨事になるだろう、という目論見だったのだ。

計画を把握した公安部は、２００２年春、爆弾など危険物を取り締まる警視庁の他の部に連絡し、入国管理法違反や爆発物取締法違反での摘発を要請した。多数の捜査員がマンションに踏み込んだが、自爆のおそれもあったため、近くに爆発物処理班も待機させていた。これにより、Q国人のリーダーを含む数人を逮捕、さらに爆弾の材料などが押収された。おそるべきことに、すでにテロを実行できる準備が整っていたのである。逮捕された男たちは、裁判で罰金刑が下り、国外退去処分となった。逮捕を免れた数名は行方がわからないままだ。

私がA国に赴任したのは、この事件からわずか数年後のことだ。A国がアルカイダの資金源のひとつなのはすでにわかっていたから、必然的に、情報収集の目もアルカイダに向けていたのである。

周辺国の政治危機と経済危機

ジャパニーズ・ウイスキーから物騒な話題に展開したが、インテリジェンスの世界とはそういうものである。些細な贈り物の効果を考えることから、テロ組織の企みや資金源を明らかにしていくことまで、目線を広くとって危機を未然に防ぐ。まさに「大きく構えて小さくまとめる」を実践しなければならない。

「大きく構える」といえば、何らかの危機が地域の国で発生した場合、周辺国の在外公館は連携して、情報収集と支援にあたる。私の任期中で言えば、当時長期化していたジンバブエ経済危機と、マダガスカル政治危機がそれにあたる。

当時、欧米先進諸国との関係が悪化していたジンバブエは、1か月で貨幣価値が796億分の1になるというハイパー・インフレ状態に陥っていた。796億円が、1

か月後には1円の価値になるのである。いつ国家が崩壊するか、周辺国はハラハラしながら状況を注視していた。人員の退避支援や物資の支援が必要になることがないか、情報を共有しつつ準備を整えた。幸い、与野党連立政権ができて経済危機は落ち着きを見せたが、国家崩壊の瀬戸際だった。

マダガスカル政治危機は、野党のリーダーが暴動を起こして大統領に反旗を翻し、陸軍も野党側に加わったことから、政権が転覆した事件である。暴動とクーデターが3か月ほど続き、夜間外出禁止令も出された。

こちらも、事態は数か月で落ち着きを取り戻し、警戒レベルも引き下げられたものの、周辺国の在外公館は、緊張感をもって情報収集していた。日本人には「渡航の是非を検討」するよう外務省は勧告していたが、近隣国から見ている限り、「死にたくなければ早急に退避したほうがいいだろう」と思われた。結果的に私の任期中にはそれ以上の大きな動乱はなかったものの、リビアやシリア、スーダンなどで退避業務にあたった人たちの話を聞くにつけ、あのとき、ジンバブエやマダガスカルがもっと大事になっていたらどうなっただろう、という思いが去来したものだ。

査証の発給という重要任務

警備対策官とそれに関する情報収集の話が長くなったが、警察官が在外公館で従事している時間が最も長いのは、領事業務である。領事とは、「自国民の保護及び自国の通商の促進」にあたる外交官だ。その業務を大きく分けると二つある。

ひとつは、現地で犯罪や交通事故などのトラブルに遭遇してしまった日本人を保護し、助けること。もうひとつは、査証（ビザ）の発給だ。

「日本のパスポートは世界最強」などとよく言われるが、日本人が、特に3か月以内の観光や仕事のために入国する場合、多くの国では査証免除の対象となっている。要するに、「あなたの国に入国させてください」という申請をあらかじめ提出し、許可を受ける必要がほとんどないのだ。

ところが、逆はそうはいかない。日本は71の国や地域に対して査証を免除している。ということは、およそ120か国の人は、日本に入国するためのビザが必要になる。アジア圏で言えば、インド、ベトナム、カンボジアといった国の人々ですら査証を取らなければいけない。アフリカ大陸で日本が査証免除を認めているのは、レソト、モーリシャス、チュニジアの3か国だけだ。

就労などのチャンスを求めて日本に来たがる外国人は数多くいるが、実は身元の怪しい人の申請がかなり多い。これをひとつひとつチェックし、査証発給の可否を決定する、これが領事の重要任務である。

身元の引受先（つまり日本で勤める予定の企業・団体）はあるか、滞在先はどこか、家族構成はどうなっているか、犯歴はないか。さまざまな情報を集め、テロリストや犯罪者、不法滞在の予備軍が入国することのないよう、慎重に審査を進める。国によっては、預金額を証明書付きで要求することもある。

書類は偽造もあり、申請が不自然なことは日常茶飯事だ。日本に入国したらすぐ行方をくらます気だな、と書類をチェックしていて気づくことは数知れない。預金額が日本円で2万円しかないのに、日本への渡航目的が「投資」と書かれていたりして、「いったい何にどう投資するつもりなんだ！」と突っ込みたくなるケースもある。

「日本は外国人に厳しい」としばしば言われる。だが元領事として言わせてもらえば、日本によからぬ意図をもって入国しようとする人があまりにも多いのだ。また、そうやって無理やり入国した人が幸せになることもない。

遺体を確認する外交官たち

領事にとってもうひとつの重要職務が、自国民保護である。これがつらい。

外務省は毎年、「海外邦人援護統計」というものを公表しているから、興味がある人は見てみてもらいたいが、年間1万5000〜2万人ほどの日本人が、海外で在外公館に助けを求めてくる。だいたい3、4人に1人が身分証ごと財布を盗られたとか、強盗にパスポートを奪われたといった盗難被害だ。

また、同じくらいの割合で、事故に遭った、あるいは事故を起こしたという申告が来る。私の赴任国でもほとんどはこの二つで、これなら日本での警察業務とそれほど大きく異なるわけではない。異なるのは、現地の警察が事件・事故処理にまずあたるから、それと連携するという手間が余計にかかることだ。

アフリカでよくあるのは、バックパッカーや「一旗あげてやろう」となどと勘違いしてやってきた自称「アントレプレナー」(起業家)がひどい目に遭うパターンだ。

長距離バスで陸路国境を越え、首都のバスターミナルで降りた瞬間に盗賊に身ぐるみ剝がされてしまったなんていう事件は珍しくない。

そもそもアフリカでは長距離バスそのものが犯罪の温床で、車内でゆすられたとか、ひどい場合には性的被害を受けたといった事例には事欠かない。また、経済的チャンスを求めて地方をうろうろしていたら、不審者と間違われて警察に拘束されたり、強盗被害に遭ったりすることもある。せめて行先くらい調べて、準備してからにしてくれと、何度執務室でため息をついたことか。

安全情報や領事メールなどで何度も注意を呼び掛けても、ボロボロの乗り合いバス（ケニアではマタツと呼ばれる）やバイクタクシー（バイタク）に乗って、事件や事故に巻き込まれる人も少なくない。

現地に慣れてきて、その土地ならではの乗り物に乗ってみたいという好奇心はわかるのだが、交通ルールが未整備であるばかりか強盗も出やすい街でボロボロのバスやバイタクに乗って無事でいられるとどうして思えるのか、私にはよくわからない。「自分だけは大丈夫」とでも思っているのかもしれないが、事件や事故に遭う確率は現地人だろうと日本人だろうと同じである。口には出さないが、「自業自得だろう」

と思ったことはひとたびならずある。

そして何よりつらいのは、遺体の確認業務だ。交通事故や病死など、海外で不幸にも命を落とす日本人が毎年数百人もいる。現地警察と連携しながら、身元を確認し、日本国内の身寄りを探して連絡し、遺体搬送の手続きをとる。あらかじめ保険にかかっていなかったら、その請求額はかなり高額だ。だから、バックパッカーで身寄りがなかったり、親族と疎遠すぎて引き取りを拒まれたりすると、現地に埋葬することもある。あまり知られていないが、これも外交官の重要職務なのだ。

不幸中の幸い、私が担当したのは事故死と病死だけだったが、犯罪や災害の関連死に立ち合う外交官も少なくない。バンコクやマニラなどの犯罪多発地域では、犯罪関連の対応がすさまじく多いため、担当官が2、3人はいる。そして、容易に想像がつくように、こうした遺体はむごい状態になっているのだ。

2004年に起きたスマトラ島沖地震では、プーケットなどのリゾート地を大津波が襲った。このため、領事を中心に、多くの外務省職員が遺体の確認作業に従事することとなった。死者数20万人を超えた災害における遺体の確認は、かなりの負担だったようである。多くの外務省職員がメンタルを病んでしまったと聞いた。逆もあって、

２０１１年の東日本大震災では、外国人の遺体の確認に各国の大使館員が従事しなければならず、在京の大使館員が精神的不調を訴えるケースが相次いだ。

「警察官は遺体を見慣れているでしょう」と言われるときがあるが、そんなことはない。刑事課や交通課は遺体に対面することが多いが、公安や生活安全課はあまりない。そして、刑事でもあまりに多くの遺体に対面して病んでしまうことも少なくない。ベテランの検視官でも病む。警察官だって普通の人間だから、強いストレスに耐えながら、この種の職務を遂行しているのである。

まして、外務省の生え抜きで領事業務に就いてしまった人にとって、遺体の確認業務はかなり苦しい。これは知人の話だが、スマトラ島沖地震の遺体確認に従事していたある日、小学生くらいの子供の遺体を見てしまった。その後、「目つきがおかしい」と周囲に心配されるようになった。周囲の助言もあって、事態が落ち着いた後に休暇をとって、寺にこもり修行することで心の平静を取り戻したそうだが、「気づいてもらえなかったら、自分もどうなっていたかわからない」と語っていた。災害派遣に展開する自衛隊員や警察官のメンタルヘルスが、東日本大震災以降にようやく注目されるようになったが、外交官にとっても重要な課題だと思う。

メンタルといえば、孤独な単身赴任者や留学生が、メンタルを病んでしまったときの支援も領事業務である。私の赴任したアフリカにはそれほど留学生などが多くなかったので、この種の対応をしたことはないが、アメリカやヨーロッパの主要都市の大使館や総領事館では、特に冬場になると対応件数が激増するらしい。事前のイメージとのギャップや慣れない異国生活に参ってしまうからなのだが、「パリ症候群」という診断名も存在している。

大使館や総領事館というと、華やかな外交の場を想像される方も多いと思われるが(実際にそうした部分もあるのだが)、こうした地味な邦人援護活動を行っていることは、知っていてもらいたいところである。

コラム④

公安警察官に反面教師として教えられる「キャノン中佐」

公安警察官の研修で、〝反面教師〟として扱われるアメリカ人がいる。終戦後、日本でGHQ（連合国最高司令官総司令部）直轄の秘密諜報機関を率いたジャック・Y・キャノン中佐だ。それは〝キャノン機関〟と呼ばれた。東京・湯島の旧岩崎邸を拠点に、26人の部下と共に活動していた。

その任務は、日本の共産化を企てるソ連と中国に関する情報収集。キャノンは〝超〟がつく愛国主義者で、共産主義とロシア人を毛嫌いしていた。諜報員としてはきわめて優秀だったという。

キャノン中佐は組織に忠実な男ではなかった。1947年から4年にわたってキャノン機関を率いている間、部下に命じたものを含め、ロシア人、中国人、朝鮮人など250人以上を殺害したと知人に語っている。これは軍の命令を完全に無視した行動で、そのため陸軍は彼を追放したがっていた。公安部の研修では、組織の命令を無視したキャノン中佐のようになってはならないと教えられた。

キャノン機関は、ソ連だけでなく、中国や北朝鮮のスパイもターゲットにしていた。彼らを尾行し、素行を調べた上で、アメリカのスパイに仕立てるための工作をしていた。

キャノン機関の〝悪行〟は、1951年11月の鹿地亘《かじわたる》事件で発覚した。

中国共産党と関係のあった作家の鹿地亘を拉致し、旧岩崎邸の地下で監禁し、スパイになるよう強要したが、岩崎邸の日本人コックが鹿地の家族に通報したことで事件化した。鹿地は、その後国会などで拉致、監禁されたときの様子を証言したことで、キャノン中佐の名前が世間に知られることになった。

鹿地事件から4か月後の1952年3月、キャノンはアメリカに帰国した。その後、軍法会議にかけられたが不問にふされ、陸軍も退官した。

キャノンは陸軍を退官しても、武器への執着心が抜けず、殺傷能力の極めて高い特殊な銃弾を自ら製造していたのだ。

何百個の極小破片からなり、外側をプラスチックで覆ったこの銃弾で撃たれると、体内に入った弾丸は瞬時に炸裂し、破片は心臓、肺、肝臓など四方八方に突き刺さる。1発で即死するので「悪魔の弾丸」と呼ばれた。

キャノンは自宅のガレージを弾丸製作工場に改造し、何千という「悪魔の弾丸」を生産、売却したという。そして彼は晩年、うつ病を発症する。

メキシコ国境に近いテキサス州のエジンバーグに住んでいたが、1981年3月8日、自宅ガレージでピストル自殺を遂げる。その際に使用されたのは「悪魔の弾丸」だった。なぜか2発の弾丸が撃ち込まれていた。弾痕は胸と腕の付け根にあったが、1発で即死するはずなのに、なぜ2発撃てたのか。真相は藪の中である。

第5章

外事課公館連絡担当官

スパイハンター、大使館を回る

秘匿捜査から離れ、「自分の名前で生きていける」

警察官や自衛官が在外公館に出向する期間は、通例だと3年か4年である。最近は、アフリカなど、仕事がハードな国を2年経験してから、ヨーロッパやアメリカなどの先進国に2年勤めて帰任というパターンが多いようだ。私の場合、アフリカのA国に3年勤めて帰国したのだが、次のミッションでも、大使館と密接に関わることになった。

アフリカの大使館から警視庁に帰任して、私は偽名が使えなくなった。特に驚くにはあたらないと思うが、極左やロシアのスパイを追跡するといった業務では、偽名を使う。そのために本当に存在する企業の役職を用意し、名刺も必要に応じて作る。「思いつき」などではなく、かなり入念に工作して、名前と所属を偽るのだ。

ところが、在外公館に勤めてしまったため、これが不可能になった。というのも大使館では、現地に展開する日本企業向けに開く、防犯やテロ対策に関するセミナーのために警備対策官や領事を派遣する。一般の在留邦人向けの防犯セミナーを主催することもある。外交官という立場で偽名を使うわけにもいかないから、本名で名刺を作るし、交換もする。

また、こうしたセミナーなどでは、その状況を写真に撮って大使館のウェブサイトにアップロードしたりもするから、顔も本名も隠すことができない。こうして、偽名を使った秘匿捜査には従事できなくなったのだ。

とはいえ、正直なことを言えば、少しホッとしたのも事実だった。これまでの公安捜査官という任務においては、名前や身分を偽り、また家族にも仕事の内容を言えないのが日常だった。それが、普段から本名を使ってよくなり、捜査情報など機密に類する情報でなければ仕事の話も家族にできるようになった。一般的な感覚では当たり前だろうが、40歳を過ぎるまで、私はこの感覚を持てずに生きてきたのである。アイデンティティの回復と言えば大袈裟かもしれないが、ようやく「自分の名前で生きていける」ということが、意外なことに私を安心させた。

とはいえ、外事課を外れ、警察署の交番勤務や、人事や教育（警察では教養という）といったバックヤードに移ることはなかった。私は、引き続き東京で、外事警察としての仕事に戻ることになった。

大使館リエゾンという仕事

帰京した私に与えられたミッションは、大使館リエゾン（連絡）という業務。といっても、一般の人にはほぼなじみはない――というより、聞いたこともない仕事だろう。実際に、日本では警視庁のほかに専業でこの種のチームを置いている警察本部はないはずだ（東京以外に大使館がないから当たり前なのだが）。

大使館リエゾンとは、東京にある各国の大使館と警察をつなぐ、連絡・調整のための要員のことだ。前章で述べた通り、大使館の警備については、受け入れ国が責任を負わなければならない。これは条約に明記されている。大使館や総領事館が独自に警備員を雇うことはあるものの、警備に関する第一義的な責任は、受け入れ国にあるのだ。

すると必然的に、大使館と警察との連絡・調整が必要になる。「3か月後にレセプション・パーティーをするから、会場警備のために警察官を派遣してほしい」とか、

「3か月後に要人が来るから機動隊を手配してほしい」といった要請が大使館側から来たり、逆に、「おたくの国に対して不審な動きがありますよ」といった情報を日本側から伝達したりする。そして、実情に応じた警備体制をとるよう、関係部署に依頼するなどの調整を行う。

大使館というのは、国を代表する重要施設だけに、テロや暴動の脅威にさらされることも少なくない。前の章で触れた、ケニアとタンザニアの米国大使館に対してアルカイダが自爆テロを行った事件（1998年）は、在外公館に対するテロとしては史上最大級のものだ。

また、大規模な暴動の例としては、1979年にイランで起きた米国大使館占拠事件が挙げられる。イラン革命を支持する群衆が、旧体制（パフラヴィー王朝）を支援していたアメリカ大使館を襲撃し、館員ら52人を人質にして444日にもわたって占拠した。途中、米軍特殊部隊による救出作戦も計画されたが、準備段階で失敗するなど、アメリカにとって悪夢に近い事件だった。いまも続くアメリカの反イラン感情のルーツだ。

若い読者は知らないかもしれないが、日本の在外公館も襲撃の被害を受けたことがある。1996年12月、在ペルー日本国大使公邸が、「トゥパク・アマル革命運動」という左翼テロ組織によって占拠された。

その日、大使公邸では、ペルー政府関係者、各国の外交官、ペルー在住の日本人などを招待して天皇誕生日祝賀レセプション・パーティーが行われていた。そこを、14人の犯人グループが、爆弾や自動小銃等で武装し、襲ったのである。彼らは、この種の事件では過去最多の約700人にのぼる人質をとり、4か月あまりにわたって立てこもった。当時、ペルーの大統領は日系二世のアルベルト・フジモリ氏で、だからこそ日本の大使公邸が狙われたのだろう、と推測されている（犯人グループは、最終的に特殊部隊の突入で全員射殺された）。

こうした事件を未然に防止するためにも、情報交換と柔軟な警備体制の運用が欠かせない。だから、警視庁は在外公館との連絡・調整を専管するチームを設けているのだ。実名のみで勤務することになった私は、そこに配属されたのである。

国ごとに異なる大使館のミッション

　ところで、在京の大使館は、どのような仕事をしているのだろうか。ここまでの章で、ロシアや中国などのスパイを多く抱える大使館については字数を割いてきたが、ほとんどの国はそのような活動をしていない。経済規模が比較的小さい国は、大使館といえどもごく少数のメンバーで運営している。都心のオフィスビルのひとフロアを借り上げているだけ、という国は珍しくないし、山手線の外側、代々木上原周辺や世田谷などのそれほど大きくない一軒家（というのだろうか）に大使館を置いている国も多い。アメリカやロシア、イギリスのような、巨大な敷地に膨大なメンバーを配置している国は例外なのだ。

　ほとんどの国の活動は、政務（日本国政府との協議や政治家の往来）、経済交流（貿易や投資の促進など）、文化交流、そして領事業務である。また、これらの活動促進のためのパーティー（レセプション）もしばしば行っている。それぞれの活動が占めるウエイトは国によって異なる。

私が特に親しく付き合った大使館でいえば、中央アジアのアゼルバイジャンやアフリカのマラウイは、経済交流のウェイトが大きい。欧州の主要国はさまざまな往来が盛んだから、どのミッションにも積極的だが、特色のあるところではポーランドが挙げられる。作曲家ショパンの出身国で、有名なショパン国際コンクールの開催国という利点を生かして、文化交流に積極的だ。

では、情報機関の活動はどうだろうか。実は、在京の大使館の多くは情報機関の関係者を置いていないか、ごくわずかしか配置していない。たとえば、イギリスといえばＭＩ６が有名で、日本にも少なくとも１人は配置されているが、準同盟国という関係もあって、目立ったスパイ活動は行っていないようだ。彼らは、日本における極左、特に天皇制反対運動を行っているグループが国際的に連携したりしないかなどを気にしている。おそらく、イギリス王家に対する反対運動に飛び火しないよう警戒しているのだろう。

フランス、ドイツ、イタリアなども似たり寄ったりで、日本ではそれほど本格的に情報収集は行ったことはない（はずだ）。要人が来るときの事前情報収集や、犯罪組織の活動についての情報交換がもっぱらである。

なかには日本語ができない情報収集担当者が赴任してくることもあるくらいだから、状況は推して知るべし、である。もちろん何か特別な事件が起きたりした場合には、本国から担当者が派遣されてくるが、常駐ではない。

中国大使館に目を光らせる台北駐日経済文化代表処

日本との関係が良好であっても、情報収集活動を旺盛に行っているのは、台湾の代表部だ。公式には台北駐日経済文化代表処、という。1972年の日中国交正常化にともない公式には大使館とは名乗れないものの、実態は同じである。代表には台湾政界の大物が就任することが多く、本書を書いている時点では李逸洋《リーイーヤン》・元内政部長。日本でいうと元首相のポジションの人が代表を務めていたこともある。

もともと、台湾は麻薬取引や人身売買など組織犯罪対策について日本の警察とも良好な関係を保っていたが、日本における中国の動きについても常に目を光らせている。彼らは、日本の中国大使館の動向もチェックしているし、親中的な日本の政治家の動きも追っている。誰と誰が会っているか、どの議員がいかなる対中政策を推進しているかなど、彼らの情報収集能力には驚かされる。

日本世論を味方につけたいという思惑から、宣伝活動やロビー活動にも力が入っている。日本語がうまく、何が日本人の心に「刺さる」かもよく研究していて、実に洗練されている。昨今、中国政府による「戦狼《せんろう》外交」が注目されることが多いが、私に言わせれば、台湾のほうがはるかに上手である。「悪口を言えば宣伝活動になる」というのは、およそ外交に似つかわしい態度とは言えないと思う。

日本をターゲットとした情報収集というより、自国民の監視を行っている大使館も少なくない。たとえば、中東のT国は日本に逃げてきているクルド人の動きに目を光らせているし、中東のI国大使館も反体制派を監視しているようである。どちらの国も、日本とは関係良好だから、敵対的な行動をとろうとはしないが、警察からすると厄介でないわけではない。

反体制派のメンバーが殺害されたとか失踪したとかいったことが起きると、これらは日本の警察の管轄下の問題だから、対応しないわけにはいかないからである。「厄介ごとを起こさないでくださいね」と丁寧に釘をさすのも、我々の仕事のうちである。

「必要なあらゆる措置」とはなにか

厄介ごとといえば、強烈な印象を残したのがイスラエル大使館である。東京の渋谷区に、ユダヤ人の礼拝所（シナゴーグ）があるのだが、あるとき、「不審なT国人がいる」との情報が警視庁に入った。

T国籍の者で、ユダヤ教徒としてシナゴーグに出入りしようとするのだが、どうも挙動がおかしい、というのである。私のチームが現地で確認し、情報を照合したところ、同じ人物が、関西のシナゴーグでも同じような動きをしていることが判明した。

そこで、国際テロ対策の担当部局が追跡したところ、ある過激派組織のシンパらしいと特定された。都内にはいくつか過激派組織の拠点があるが、彼らと接触していることも確認された。

私は情報がそろった段階で、イスラエル大使館に危険情報がある旨を連絡した。シナゴーグのメンバーになろうとしていたのは過激派組織のシンパだったことを伝えたのである。

すると数日後、日本の周辺国から危機管理の担当者がアポイントをとってきた。この件について協議したいという。証拠はないが、私はイスラエルの諜報機関＝モサドの人物だろう、と推測した。実際に面会してみると、実にスマートな人物で、同胞を守るために「必要なあらゆる措置を講じる」という。

国際法に慣れた人ならわかると思うが、「必要なあらゆる措置」（all necessary means）とは、武力行使を指す。これはまずい。「日本国内では、厳に法に則った対応を行ってほしい」と、こちらもしつこく要請せざるをえない。つまり、殺害や拉致などの違法な荒っぽいことをやってくれるな、という意味である。

協議により、私たちリエゾン班とシナゴーグとが連絡を密にすることと、当該人物の接近があった場合の対処法を確認し、私から当該人物にシナゴーグの意向（メンバーシップを認めない）を伝えた。

日本人の「扇動勢力」

さらに厄介なつながりということでいえば、大使館リエゾンの経験からは、外国人の反体制派を扇動《せんどう》しようとする日本人が挙げられる。

大使館リエゾンの業務上、デモなどの前兆があれば当該国の大使館に伝えるし、必要な場合には警備部隊の増員も要請する。それは条約上の義務であって、政治的正しさや運動へのシンパシーとは何の関係もない。

とはいえ、である。もちろん日本では言論の自由が憲法で保障されているし、母国で抑圧されている人々が正当な権利を求める運動を悪しざまに言うつもりもないが、彼らを「道具」のように扇動し、必要がなくなったらあっさり見捨てる日本人扇動家は、見ていて気持ちのいいものではない。だが、そういった連中が、市民活動家を装った左翼の中にいるのが実情だ。

たとえば、クルド人の運動は、当初、右寄りの政治家が民族主義に共鳴して支援していた。故・石原慎太郎氏や平沼赳夫《たけお》氏などが、初期の代表的な支援者だ。現在はどうか知らないが、少なくとも数年前までは、埼玉県川口市や北区十条あたりのクルド料理レストラン（往々にしてそういう場所はクルド人活動家の拠点でもある）に、彼らの写真が掲げてあったりした。そのため、右派の活動家の一部は、トルコやイランの大使館におけるクルド人の抗議運動に加勢していた。

ところが、クルド人の支援者は右派だけではない。やがて、彼らの在留資格などをめぐって、左寄りの弁護士や活動家も関与するようになった。デモなどの「運動」となると、それが大好物である左翼過激派が便乗してくるようにもなった。過激派はクルド人の民族主義にとりわけシンパシーを抱いているわけではなく、単に警察や日本政府、外国政府に嫌がらせを行い、自分たちの活動を誇示したいだけで、クルド人問題は「口実」に過ぎないように思われた。

結果として、東京・青山にある国連大学などの前で行われるクルド人のデモに、右寄りの活動家、左翼過激派などが「大同団結」して結集するという、にわかには信じがたい光景が現れるようになった。監視する側も、極右を監視する公安警察や公安調査庁の担当部門、極左を監視する部門、それに外事警察まで集まり、「いったい誰が何を監視しているのか」と混乱しそうな様相だった。

２０１４年と２０１９年に香港で盛んに起きた民主化デモでも似たようなことがあった。現在も事情はあまり変わらないが、中国の少数民族（チベットやウイグル）などの問題については、反中感情も相まって、どちらかというと左派より右派のほうが活発になる傾向がある。香港の民主化デモについても同様で、日本の右翼が彼らを支援し、青年リーダーを日本に招くなどの行動をとることがしばしばあった。

なかには本当に香港の民主化を護持するために惜しみなく支援しようという人もいたようだが、右派の一部は、香港を名目にした講演会や義援金などを、自分たちの売名や資金稼ぎに利用していた。身銭を切ってまで現地に赴いた活動家も若干いたが、日本でも比較的名前が知られている周庭《アグネス・チョウ》や黄之鋒《ジョシュア・ウォン》を呼び寄せて講演会を開催しようとした人々のなかにも善意だけでは説明のつかないものも含まれていた。

何より、２０２０年に香港国家安全維持法（国安法）が可決され、運動が下火になると、彼らに見向きもしなくなる様子には、彼らの本音を見る思いがした。

香港の民主化や少数民族問題だけでなく、尖閣諸島をめぐる問題、中国で禁止されている法輪功《ほうりんこう》（吉林省出身の宗教家が90年代に始めた気功修練団体）などをめぐって、中国大使館のまわりはほとんどいつも、デモや小規模な抗議が行われている。運動だけでなく、脅迫電話が大使館にかかってきたり、ナイフや銃弾が送りつけられたこともあった。

私たち警察は、条約上の義務を履行しなければならないため、大使館側から連絡があると、警備人員を数倍にするなどの対応をとる。

こうして派遣される警察官のなかには、中国政府に反感を持っている人もいるだろうが、デモ隊から「中国（もっと差別的な言葉であることが多い）を守りやがって」などと罵声が飛ばされる。職務としてやむを得ないのだが、なかなか苦しいこともある。

東日本大震災をめぐるパニック

２０１１年は、外事警察にとってかなり印象深い年だった。年初から、「アラブの春」と呼ばれる反政府運動の波が中東に押し寄せ、チュニジア、エジプト、リビアなどの強権的政府が次々に倒れた。このことについては後述したい。

5月には、アルカイダを指導していたウサマ・ビンラディンが、パキスタンで米国の特殊部隊によって殺害された。アメリカは「自衛権の行使」と主張したが、主権侵害の一線を越えているように思え、驚かされたものである。12月には、北朝鮮の最高指導者だった金正日が死亡した。これらの出来事が日本国内に波及しないか、特に内紛めいた動向はないか、神経質な対応が年を越えて続いた。

「アラブの春」と同じ時期に、東日本大震災が起きた。警察に限らず、日本政府が総力を挙げてさまざまな対応をしなければならないのは、明白だった。

東北地方沿岸のショッピングモールなどでは、津波から逃げようとした人が入り口付近で折り重なるように亡くなったりしていた。家族を探してほしいと懇願されるも、誰のものかわからない身体の一部があちこちから発見される。DNA鑑定で何とか特定して遺族に一部でもお返ししようと努力するのだが、あまりに膨大で身動きが取れない。災害派遣で現地に展開した同僚の警察官や自衛官から、こうした話を直に聞いた。

話を聞きながら、嫌なものだがスパイの動向も警戒していた私たちは、「身分の乗っ取り」（背乗《はいの》り）が起きるかもしれない、とも思った。2万人を超える死者・行方不明者は、家族の届け出や住民票などから、被害に遭ったであろうと判断された人々の総数である。

このほかに、身寄りもなく住所も曖昧で、ひっそりと隠れるように暮らしていた犠牲者が必ずいたはずだ。そうした人々の戸籍や過去の住民票を乗っ取り、スパイ活動を行う国・機関が、これほどの災害のあとには現れるかもしれない。

リエゾン班としては管轄を超える事柄だから、私が何か具体的に動いたわけではないが、直感的にまずいなと思ったし、周囲にこうした懸念を意図的に漏らすように努めた。

職掌《しょくしょう》である大使館リエゾンとしても、各大使館への対応に追われた。

在京の大使館は150以上あり、数千人もの外交官が勤務している。経済交流や文化交流の業務として、彼らが東北地方に出張している可能性は決して低くなかったから、まず安否確認が優先的な課題として生じた。もちろん大使館側でも出張先の把握や安否確認は行っていたのだが、なにしろ日本中で携帯電話の通信が不安定な状況である。並行して警察側でも行わなければならない。とはいえ、混乱する現地警察に確認依頼を行うのは、非常に心苦しい思いがした。

次に起きたのが、福島第一原子力発電所の爆発事故によって、一部の大使館が東京から退避を始めたことだった。大阪や福岡などに総領事館を置いている国は、そちらに大使館機能を一時的に移転させたり、そうでなくとも関西などのホテルに退避する国もあった。

アメリカやカナダも退避計画の発動寸前だったし、実際、帯同家族などの一部を逃がしたりもしていた。一時退避について連絡をくれるならいいが、被害状況確認のために電話でアポイントをとろうとしても誰も出ない、行ってみたが外交官が不在で何の応対もない、といった大使館もあった。

このほか、インドネシアやタイなどの大使館は自国民保護をしたいと、軍用機を自衛隊などの基地に展開してきた。少し変わったところでは、セルビアの大使館から、核シェルターの情報があれば提供してほしいという要求もあった。各国それぞれに災害対応プランがあってのこととは思うが、150か国以上が同時に動くと、さながらパニックの様相を呈していた。

突然変わったリビアの国旗

時間を少し巻き戻し、「アラブの春」の対応について書くが、十数年も前のことなので、まずは事件そのものについて簡単に振り返っておきたい。

発端は2010年12月、チュニジアで一人の青年が、露店に対する取り締まりに抗議して焼身自殺を図った事件だった。これをきっかけに反政府デモが発生し、全国規模で政権打倒の民主化デモへと拡大したのである。そして1か月も経たない2011

年1月に大統領が国外に逃亡、23年間続いた独裁政権があっけなく崩壊した。

この民主化デモが、国境を越えて各国に波及した。エジプトでも2011年2月、30年に及んだムバラク政権が崩壊し、暫定的な軍政がスタートしたが、デモ隊と軍の衝突が続いた。

リビアにも民主化デモが飛び火し、こちらは反体制派とカダフィ政権との激しい内戦状態になった。多くの犠牲者を顧みないカダフィ政権に対し、国際社会は非難を強め、さらに国連安保理決議によって英米仏を中心とした多国籍軍による軍事行動を開始するに至った。8月には反体制派が首都トリポリを制圧し、42年に及ぶカダフィ政権が崩壊した。しばらく行方のわからなかったカダフィだが、10月になって拘束され、殺害された。

このほか、バーレーンやカタールでもデモが起きたが、これらは鎮圧された一方、イエメンやシリアは内戦状態となり、いまも戦闘が続いている。

これが大使館リエゾンの業務にどのように関わってくるかというと、母国でのデモに同調する在日外国人が、それぞれの大使館前などでデモを連日行い、その対応に追われることになったのである。エジプト、チュニジア、リビア、シリアなど、それぞれの大使館前に人員を配置しなければならず、警備にあたる部署は休暇もとれない状況が生じた。

しかも、中東の主要国の大使館は都内の一等地にあるから、周辺住民や施設への配慮も大変だった。エジプトとリビアは代官山、チュニジアは九段（靖国神社のすぐ近く）、シリアは六本木の東京ミッドタウンのすぐ裏手にある。大規模なデモは起きなかったが警備を配置せざるをえなかったのが、アラブ首長国連邦（渋谷）とサウジアラビア（六本木）。周辺住民の往来もあるからバリケードを張るのもなかなか難しい。安全確保のために、大使館とデモ隊との距離を引き離すように対応させるなどした。

なかでも忘れられないのは、２０１１年8月22日である。私に「上」から一本の電話がかかってきて、「リビア大使館に何が起きているか、至急確認せよ」という。違う国旗が揚がっている、というのだ。カダフィ政権時代、リビアの国旗は緑一色だったのだが（イスラムでは緑はムハンマドに由来する神聖な色）、赤・黒・緑の三色旗に変わっていたのである。

「おそらく反体制派のシンボルに変えたのだろう」と想像はついたが、ことはそう簡単ではない。国旗は国のシンボルだから、変えるにしても受け入れ国の政府承認が必要だ。簡単に「変えます」といって変えるわけにはいかない。まして、実質的な内戦中の国であれば、施設が乗っ取られた可能性すらあり得る。

ただちに、リビア側との連絡を私は試みた。過去のレセプションでリビア大使とは名刺交換をしていたが、頻繁に連絡をとるような関係ではなかった。そこで、大使秘書に電話を入れたところ、大使に伝えて折り返す、という。大使館の機能そのものが停止したわけではないということがこの時点で判明した。

その間にも、旗が変わったことに気がついたメディアや野次馬が代官山の大使館に集まりつつあるという報告を受け、周辺住民の安全確保を含め、警備を増員するように関係部署に依頼を発出した。

やがて返事が来て、それまで面会も拒否してきたリビア大使館だったが、私が大使に直談判《じかだんぱん》して会うこととなった。

話を聞いてみると、本国の正統政府が変わったために国旗を変えた、という。首都が陥落してカダフィ政権が崩壊したことを受け、国民評議会による新たな政府が樹立されたというのである。政府承認も国旗変更もこれから手続きをするらしい。そこから先は、外務省マターなので、私はここまでの状況を「上」に報告した。

だが、承認手続きもなしに国旗をいきなり架け替えるなど、国際法やプロトコル（外交儀礼）を無視した行動で、先行きにいくらか不安を覚えた。大使館内に掲揚された黒を基調とした見慣れない新リビア国旗の写真を見ながら、国のシンボルとは何なのだろうと不思議な思いがした。

特権を悪用して「カジノ経営」をする外交官

外交官といってもさまざまな人がいる。日本をはじめ、先進国・主要国の外交官は、基本的には真面目だが、途上国の一部には個人的な営利活動や違法行為に手を染める人もいる。

多くの場合、自国の資源開発などについてブローカーのような仕事をすることで、コンサルティング料などを稼ごうとする。それ自体は経済交流の一環といえなくもなく、報酬がともなわなければ良いとも悪いとも言いがたいが、会社の顧問だとかコンサルタントといった立場を得てポケットマネーを稼いでいるといった、ウィーン条約に反する話は、しばしば耳にした。

もっとダメな例は、外交特権を悪用して、日本国内で「違法カジノ」を運営していたケースだ。2014年春、駐日ガーナ大使が「大使公邸」として赤坂や福岡に借りている部屋で、客にバカラ賭博をさせる「闇カジノ」が営業されていることがわかり、摘発されたのである。部屋の玄関には、「駐日ガーナ大使」と掲げられており、関係者は、「大使館だから警察に捕まらない」といって客を募り、2億円以上を売り上げていたというから驚く。

これまでに何度か述べた通り、大使館や大使公邸は、ウィーン条約で外交特権が認められている。つまり、家宅捜索することは不可能だ。ところが、外交特権が認められるためには、外務省に届け出が必要になる。私たちのチームが外務省に確認したところ、やはり、届け出のなされた正式な大使公邸ではなかった。ということは、ウィーン条約に抵触しないから摘発が可能になる。

詰めの甘い話だが、こうして警視庁はまず日本人の関係者10人を逮捕した。逮捕された関係者が「ガーナ大使も来ていた」と証言したことから、警視庁は大使の任意聴取を求めたが、大使や外交官には外交特権がある。事情聴取に応じるかどうか懸念されたが、結局、3回にわたり大使から事情聴取できた。

もちろん、大使は賭博への関与を否定。賭博に使われた部屋について、「それぞれ別の日本人からオフィスとして使いたいと持ちかけられ、部屋を借りた」と説明した。その後、この大使は離任し、帰国してしまった。

大使が主導していたのか、「うまい話」に乗っただけなのかわからないが、少なくとも部屋を貸していたのだからポケットマネーは得ていただろう。北野武監督の映画『アウトレイジ』のような私の経験である。

「別班」の存在を確信した日

駐日ガーナ大使館のカジノ事件と同じ時期、日本と中東とのあいだでは大事件が起きていた。シリアとイラクで活動する過激派組織「イスラム国」が、日本人を人質にとり、日本政府を相手に身代金を要求してきたのである。これこそ、私に「別班」の存在を確信させる事件だった。

事件の概要は、次の通りである。

２０１４年7月下旬、民間軍事会社を手掛ける湯川遥菜《はるな》さんが周囲の反対を押し切ってシリア行きを決意し、トルコ経由でシリアに入国した。その後、反政府勢力と同行するようになる。ところが、反政府勢力とイスラム国の戦闘に同行していた湯川さんは、8月中旬にアレッポでイスラム国に拘束されてしまった。

当時、在シリア日本国大使館は、内戦を避けて隣国ヨルダンに退避していたが、まずここに日本人が拘束されたらしいとの一報が入った。まもなく、「イスラム国」はツイッター（現X）で、地面の上に押さえつけられ、尋問されている湯川さんの映像を公開した。

10月には、湯川さんと親交のあったフリージャーナリストの後藤健二さんが、湯川さんを助けるために「イスラム国」の支配領域に出発した。外務省は数回にわたって渡航を止めるよう説得したが、結局、後藤さんも仲間だと思っていた現地ガイドに裏切られ、拘束されてしまう。

この事件に際しての私のミッションは、在京のシリア大使館やトルコ大使館などとの情報共有・連絡だった。問題を複雑にしたのは、当時シリアのアサド政権と日本政府の関係が悪化しており、大使館との関係も円滑にはいかなかったことだ。両国ともに大使を国外退去させており、日本には臨時代理大使しかいない。そのため、情報収集や連絡は難航した。

その意味では、関係良好なトルコが命綱に等しい状態だった。トルコ南部のガジアンテップはシリアへの入り口になっていたし、「イスラム国」ではないシリアの反政府勢力は国境を越えて往来していた。伝え聞くところによると、シリア領内でもトルコの3G回線が利用できる地域があったらしい。

こうした細い情報ルートから、外務省、警察庁、防衛省など関係機関は人質の拘束場所、健康状態などの情報収集に努めた。情報は内閣情報調査室に集約された。

手探りの情報収集が続くなか、現地ルートを持っているはずの外務省でも、国際的な捜査協力体制に慣れている警察でもなく、精度の高い情報をあげてきたのは防衛省だった。いずれも現地に人的ネットワーク（ヒューミント）がいなければ得られないような情報ばかりだ。

シリアの反政府勢力の情報を米軍経由で手に入れたか、それともトルコなどで直接収集していたのかわからないが、意外なほど情報の粒度《りゅうど》が高い。これは、人質救出作戦の計画を含めた情報収集チーム――つまり「別班」がいなければ不可能だ。

私が監修を担当したドラマ『VIVANT』に「別班」が登場し、話題を呼んだが、防衛省や関係する政治家がどれだけ否定しても、あの情報を得られる可能性は、特別なチームなくしてはあり得ない。

人質事件そのものは、２人の日本人が拘束された状態で、翌２０１５年を迎え、「イスラム国」は、身代金の支払いがなければ彼らを殺害すると脅してきた。日本政府に対して要求された金額は、なんと2億ドル（当時のレートで約２３０億円）。アメリカのオバマ政権が、「身代金の支払いはテロ組織を助長する」として反対を表明するなど、身動きのできない状況に陥った。

日本政府が、人質解放と身代金の交渉に関わるネゴシエーター（交渉人）を選定する動きもあったようだが、その検討前の段階で、人質の２人は殺害されてしまった。２０１５年１月末から2月にかけての、悲劇的な幕切れだった。

コラム⑤ 桐島聡はなぜ死に際に名乗り出たか

重要指名手配犯として、街のいたるところに貼り出された黒縁眼鏡の男が〝出現した〟というニュースが世間を駆けめぐったのは2024年1月26日のことだった。その前日、神奈川県内の病院に自由診療で入院していた男が、自らが連続企業爆破事件に関わった桐島聡だと名乗り、通報を受けた警視庁公安部に身柄を確保されたのである。症状は末期の胃がんだった。

そして1月29日の朝、入院先の病院で死亡が確認された。

桐島は、1970年代に数々の企業爆弾テロ事件に関与した疑いがあり、警察当局が半世紀にわたって行方を追ってきた人物である。過激派「東アジア反日武装戦線『さそり』」のメンバーで、1974年から翌年にかけて起きた連続企業爆破事件のひとつに関わっていたとされる。

桐島聡については、私が公安部員に登用される際に受講した講習を通じてよく知っていた。一連の企業爆破事件では警察官が重傷を負った事件もあり、在職中は顔、名前に加えて警察が持つ非公開情報を脳裏に刻み込み、発見次第いつでも身柄確保できるよう構えていたのだ。

桐島は1954年広島県生まれ。曽祖父、祖父はそれぞれ村議会議員、町議会議員を務めるなど、生家は地元では名士として知られた。

1972年に明治学院大学に進学後、過激派組織「東アジア反日武装戦線」の思想に共鳴し、「さそり」グループのメンバーとして活動する。山谷《さんや》の日雇労働者らの「越年資金闘争」に参加し、自治体などを相手取り闘争に明け暮れていく。

桐島の手配容疑は、1975年に中央区内の韓国産業経済研究所の入り口付近に爆発物を仕掛け発動させた、爆発物取締罰則違反の罪。東アジア反日武装戦線の他のグループの共犯者がいまだ海外に逃亡しているため、桐島の罪は時効停止となっていた。

1974年、桐島が所属していた東アジア反日武装戦線「さそり」のメンバー、それに「大地の牙」「狼」メンバーらが、手製の爆発物を東京・丸の内にあった三菱重工ビルに置き、時限爆発させた。これによって8人が死亡し、300人以上が重軽傷を負うという戦後最大規模の爆弾テロ事件だった。この事件当時、桐島は、これを超える爆弾テロを起こさないと「さそり」の存在理由がないと考え、1974年12月、ある建設会社を標的にした爆弾事件をメンバーらと実行する。

結局、この建設会社への爆破事件は失敗に終わったものの、東アジア反日武装戦線の他のグループ「大地の牙」や「狼」から認められ、桐島らの「さそり」グループが爆弾闘争に本格参戦するきっかけとなった。

その後、韓国産業経済研究所爆破事件に関与したとして、指名手配された桐島は行方をくらます。警察当局は、失踪の直前まで都内の大衆割烹店でアルバイトをしていたことを把握。失踪3日前の5月20日には、渋谷区内の銀行で現金を引き出していたことが確認されている。

そして5月31日の「岡山で女と一緒にいる」との親族への電話を最後に、警察も足取りをつかめなくなる。

桐島聡と名乗り出たのはなぜだったか。

通常、過激派などの活動家は、逮捕されても完全黙秘を貫く。なぜならそれが本人にとって最高の栄誉となり、組織への多大な貢献とみなされるからだ。そうした掟《おきて》を破って自ら名乗り出たのは、単純に自分の死期を悟ったからではないか。身を潜めて暮らさざるをえなかった環境下で、自分の存在理由を示したかったのだろう。

第6章

自由と安全をいかに守るか

企業情報を狙う中国スパイ

アメリカ国防総省とのつながりが強いシンクタンク「戦略国際問題研究所」（CSIS）は、中国によるスパイ活動を継続的に追跡している。同研究所のデータによると、2000年以降に米国に向けられた中国のスパイ行為は、報告されているだけで224件、さらに米国企業が中国企業に対して起こした知的財産窃盗訴訟は1200件を超えるという（2024年3月）。

中国のスパイやその代理人による違法な情報取得は増加の一途をたどり、それによってアメリカに対する影響力も増していることは確かだ。

スパイに対して比較的強い手段をとることができるアメリカで、このありさまである。第1章で紹介した通り、日本は正反対の「スパイ天国」。警視庁をはじめ各都道府県警の外事警察によって辛うじて活動を摘発できているというのが、日本の現実だ。この章では、「スパイ天国」であることがもたらす危険と、安全の価値について考えてみよう。

中国のスパイ活動は、国家としての戦略的目標を追求するために行われるだけでなく、民間および政府機関による経済スパイ活動も旺盛なのが特徴だ。

ＣＳＩＳの調査によると、アメリカにおける中国のスパイ事件のうち、29％は軍事技術の取得を目的としたもの、これに対して、商用（民間利用）テクノロジーの取得を目的としたものは54％にのぼる。ついでに言うと、17％は政治家または民間企業についての個人情報の入手を目的としていた。

もっとも、民間利用が可能な知的財産をスパイしているといっても、中国の場合、国家主導のさまざまな計画が介在しており、どこまでが企業の意志でどこからが国家の意志なのかという線引きが難しい。どのようなテクノロジーや企業秘密を手に入れるべきか、国がターゲットを定め、外国の情報源から取得しようとすることも多いからだ。

実際のところ、中国政府は、科学技術分野における外国企業の買収などについて、１００以上もの計画を策定しているといわれており、その規模と影響力は目を見張るものがある。

その背景には、中国がかつての「低賃金、低品質の製造業」と「政府主導のインフラ投資」による経済発展モデルを維持できていないという切実な事情がある。

習近平体制が2013年に確立されて以来、中国が追求しているのは、経済成長を維持しつつ、先端製造業、新興戦略産業における高度化を実現することと、中国企業がイノベーションにおいて世界的な競争力を持つリーダーとなることだ。

こうした中国政府の望む情報を持ち得ている経済社会は、アメリカ、日本、それにドイツぐらいである。アメリカは、連邦捜査局（FBI）などを中心に、すでに対策に乗り出しているが、それでも、中国による企業秘密の盗難がアメリカ経済にもたらす年間コストは2250億ドルから6000億ドルと見積もられている。

最も大掛かりな手段は、中国における不公平な産業規制だ。通常、国家間のビジネス交流は相互主義の原則に則って、法の支配に基づく。だが、中国は同じルールに従って行動しない。

たとえば、中国政府は、特定の産業について、外国企業が市場に参加することを制限している。もしその産業分野の企業が中国市場にアクセスしたかったら、中国企業と合弁会社を設立することが義務づけられる。こうして、中国企業は合弁会社を経由し、外国の機密情報にアクセスする機会を得られる。日本の大手重工企業は、こうしたことをもちろん知っているため、中国には一世代か二世代遅れた技術情報しか置かないように留意している。日本の政府当局も、そうするように呼びかけている。

だが、危機意識がそこまで高くない企業や、リスク調査にあまりリソースを割かない一部の中小企業は、合弁先から情報を抜かれた上に、市場から打ち捨てられるような目に遭うことも少なくない。合弁企業から経済スパイまで、あらゆる手段を利用して、中国は戦略的な経済的優位性を獲得しようと努めているのだ。

スパイ人材の育成計画「タレント・プラン」

第1章でみたように、中国は伝統的な方法として、セックスか金銭によって、スパイそのものを募集したり情報を集めたりしている。私があるウェブ媒体で、「仲間由紀恵に似た女性」が、中国に狙われたキャリア官僚の身辺に頻繁に現れるようになったことを書いたところ、SNSで「仲間由紀恵」と「スパイ」がトレンド入りしたことがあった。仲間由紀恵さんにはご迷惑だったと思うが、こうした手口は、中国の常套手段《じょうとう》だ。

先に述べたCSISのレポートによると、中国に関するスパイ事件のうち、49％は中国の軍人、または政府職員が直接関与しているものだが、41％は中国の民間人、10％は中国当局によってスカウトされた別の国籍者によるものだ。

つまり、中国のスパイの半数以上は、中国政府の狙った企業に勤めている中国国籍者だとか、「仲間由紀恵似の女性」のようなスカウトされた一般人だったりするわけである。世界に広く散らばるチャイナ・コミュニティがあるからこそできる手段だ。

これをさらに強化したのが、「タレント・プラン」と呼ばれる、スパイ人材の育成計画だ。

途上国のほとんどの政府は、外国の知識やイノベーションを自国に持ち帰るために、人材育成プログラムを後援している。これらのなかには、企業秘密を盗んだり、輸出管理法に違反していたりする場合もあるが、中国政府はその最も大掛かりなスポンサーである。それが、中国が部門ごとに数百も有しているといわれる「タレント・プラン」だ。

ちなみに「タレント・プラン」という名称は、中国が用いているのではなく、FB

Iが中国の手口に対してつけたものだ。中国の国家的、軍事的、経済的目標を推進するために必要な外国技術を盗むよう奨励された人材計画を総称している。その手口は、まず、学生や特定の企業の従業員を「タレント・プラン」の参加者として指定する。参加する人の多くは、機密性の高い軍事および科学プロジェクトのための政府研究が行われる場所に在籍している。つまり、著名な研究所、企業、大学の学生や技術者ということだ。

計画の参加者は、中国政府と直接やりとりはしない。彼らは、政府と提携している中国の大学、または企業と契約を結ぶ。そして、日本やアメリカの企業や大学、研究施設などの「寄生先」に入り込んでゆく。もちろん、「タレント・プラン」の参加者であることは秘匿《ひとく》される。

彼らは、企業や研究所の業務に従事しながら、新しい技術開発や画期的な情報が出てくるのを待っている。たとえば自分以外の同僚が新技術を開発した場合、情報をストックし、ある程度まとまった段階で「本国」に報告する。同僚ではなく、自らが開発に成功した場合、その情報は中国とのみ共有するよう指示されている。中国政府の特別な許可がなければ、情報を「寄生先」の企業などに共有することはできない。

こうして、企業や研究所は、自分の情報は抜かれ、採用した「スパイ」からは貢献が期待できない、という状況に陥る。

世界に張り巡らされた「寄生ネットワーク」

さらに恐ろしいのが、彼らのもうひとつのミッションだ。他の専門家（多くの場合、自分の同僚）をこの「タレント・プラン」にリクルートするのである。

つまり、日本やアメリカで既存の職に就いている人々を、このシステムに取り込むのである。多くは、情報収集などの「パートタイマー」的なかたちで契約が結ばれるという。こうして「成功」したタレント・プランの参加者は、経済的、個人的、職業上のさまざまな特典が提供される仕組みになっている。

中国は一人のスパイを投下すると、そこから根を広げていく。根は、知的財産、企業秘密、公開前のデータ、研究資金、といったさまざまな外国のリソースにアクセスして、中国に「栄養」を送り出してゆく。軍事技術、原子力エネルギー、風洞設計、先端レーザーなどの主要プログラムについて、中国はこのような世界的な「寄生ネットワーク」を構築しているのだ。

適切なビジネス上の取り決めや研究交流の一環ならば、イノベーションを促進することもあるだろうが、中国の「タレント・プラン」はそうではない。私が「寄生」という言葉を執拗《しつよう》に使っているように、一方的に情報や成果を吸い出されるだけなのだ。

先にも述べたように、この計画がさらに厄介なのは、国籍や出身国が中国に限定されないことだ。学生だけでなく、教授や研究者でも、中国政府が「有望だ」と見込むと、中国政府の息のかかった大学から共同研究やキャリアがオファーされる。中国にはない技術に関する専門知識を持つ人、または中国にはない技術にアクセスできる人が優遇される。「共同研究」そのものは違法ではないから、参加してしまうと、ずるずるとスパイのネットワークに取り込まれてゆく。

アメリカでは、「タレント・プラン」などによって情報が盗まれたことが発覚した場合、連邦研究資金の獲得についてペナルティを科したり、輸出管理法違反などで起訴したり、といった対応をすでに取り始めている。だが、逮捕され、起訴されたとしても、知的財産の盗難によって生じた組織的・国家的な損害は取り返しがつかない。

インフラ攻撃を警戒するＦＢＩ

ヒューミント以外の方法で情報などを盗むとき、中国が好んできたのは、ハッキングだった。ところが最近では、ハッカーによって蓄積された技術が、単に情報を盗み出すことを超えて、インフラに脅威を与えている。

２０２４年１月、ＦＢＩのクリストファー・レイ長官は下院特別委員会で中国政府のハッキング活動は現在、米国国民全体を標的にしており、中国が米国の国家安全保障にもたらす全体的な脅威の緊急性が高まっているとして、次のように警告した。

「中国のハッカーが私たちの重要なインフラ、つまり水処理施設、送電網、石油と天然ガスのパイプライン、輸送システムを標的にしているという事実に対する世間の注目はあまりにも小さい。すべてのアメリカ人にもたらすリスクに今、私たちは注意を払う必要があります」

ＦＢＩによれば、中国政府に支援されたハッカーたちは、これらの重要なリソースを即座に破壊できるよう体制を整えているとし、米中間で紛争が勃発した場合、それらのリソースを無力化し、米国国民に直接危害を加える可能性があるという。「民間人に対する低強度の攻撃は、中国の計画の一部だ」とあるＦＢＩの知人が私に語ったことがある。

これまで、こうしたインフラを破壊するという計画は、理論上のものとみなされてきた。しかし近年は、ＦＢＩによって中国のハッカー集団が発信するマルウェアが特定されたり、悪意を持って操作されているWi-Fiルーターが特定されたりしている。「中国は、通信、エネルギー、運輸、水道部門などの重要なインフラに対する偵察やネットワーク悪用を隠蔽《いんぺい》できている」と、ＦＢＩ長官は率直に認めており、その対策のためには予算などのリソースがまだ不足しているという。２０２４会計年度の予算要求には、エージェントの追加、対応能力の強化、情報収集と分析能力の強化のための追加６３００万ドルが含まれている。

民主党と共和党のあいだでは何かと対立が絶えないアメリカだが、こと中国に関する脅威については、一致した行動がとられている。下院中国特別委員会は「中国共産党がもたらす脅威についての合意を築き、アメリカ国民、経済、価値観を守るための行動計画を策定するために超党派で取り組むことに尽力する」と、そのウェブサイトで宣言している。それに対して、日本はどうだろうか。

適正な制度的手続きが急務

中国の政府と共産党によるスパイ活動は、アメリカに限らず、少なくとも西側諸国全体の経済的健全性に対する重大な脅威である。ロシアのスパイに対する警戒は依然として重要だと私は考えているものの、中国のスパイがもたらす脅威に立ち向かうことが、西側のカウンターインテリジェンスにとって最優先事項であることは、理解できる。

中国政府は、知的財産の組織的な窃盗、大胆なサイバー侵入などを通じて、超大国になろうとしている。彼らの取り組みは企業、学術機関、研究者、議員など幅広い人々を対象としており、社会全体の対応が必要となる。政府と民間部門は、脅威をより深く理解し、それに対抗するために協力することに尽力しなければ、あっという間に手遅れにならないとも限らない。

それはたとえば、「台湾侵攻が２０２７年までに可能になるよう、人民解放軍は準備を整えている」という、アメリカ軍高官のたびたびの警告からも明らかだろう。レイＦＢＩ長官はしばしば、「中国共産党がカレンダーで丸を付けている年」と、２０２７年のことを表現する。「まさか台湾侵攻なんて起きっこない」と言いたくなる気持ちは、おそらく誰にでもあるはずだが、ＦＢＩは確実にその年に向けて準備を整えているのだ。

ただし、言っておかなければならないのは、敵は中国人でも、中国系の人々でもないということだ。先ほどから書いているように、中国系の人々はスパイ活動に従事させられるケースが多い。だが、この脅威は、党と政府が推進するプログラムや、協力を強制する法律によってもたらされている。さまざまな計画を用意して利益で人々を「一本釣り」したり、反対に情報提供せざるを得ないように法律を作ることで、中国人や中国系の人々はシステマティックに協力を余儀なくされているのだ。

しかも、事が露見すれば、本人は犯罪者として検挙され、人生を棒に振る。人種的・民族的差別ではなく、日本においても適正な法的・制度的手続き、すなわちセキュリティ・クリアランス制度と反スパイ法が、スパイ活動に関与しないほとんどの在日中国人の権利を守るためにも必要だ。

スパイ活動防止のためのチェックリスト

では、企業はどのような対策をすべきだろうか。企業がスパイの問題を軽減するために実行できる手順はいくつもある。まず日本企業に言えることは、そもそもスパイ活動を防止するための社内規定やポリシーを制定しているところが少ない。これを制定し、きちんと運用していくだけでも、多くの活動は「社内処罰」の対象に容易にできる。

さらに、「基礎力チェック」を作ってみたので、自社はどの程度対応できているか、チェックしてみていただきたい。

□ 採用時の審査で、財務上の不正や不審な海外旅行をチェックしていますか
□ 機密情報へのアクセスを業務上必要な従業員のみに制限していますか
□ コンピュータ機器の在庫を正確に管理できていますか

□ 外付けハードディスクやＵＳＢメモリなどを装着した機器は、機密データにアクセスできないようにしていますか
□ 従業員からの情報に基づいて適切に行動できるように、セキュリティ規約を導入していますか
□ 経営陣が、企業の脆弱性の全体像を確実に把握できるようにしていますか

さらに、機密データを取り扱うことの多い企業は、経験豊富な弁護士の助けを借りるべきだ。内部関係者の脅威に対処するためには、自社独自の視点だけでは足りない。自社のビジネスの立ち位置、脅威が狙うであろう場所について、客観的視点は不可欠だ。また、弁護士の手を借りつつ、従業員のプライバシー問題、内部告発プログラム、セキュリティ・ポリシーなどを堅実に組み立てるのが、企業にとっては、もはや義務に等しい。

民間スパイのねらい目

外国政府の関係する巨大なスパイ事案でなくとも、情報漏洩はそもそも、現代の企業活動において死活的に重要な脅威だ。ひとたび流出したそれが情報の海のなかでどのように利用されるかわからないし、ＳＮＳなどの餌食《えじき》になれば、会社に与えるダメージは計り知れないほど巨大になり得る。

一般に、企業に対するスパイ活動で内部の人員（インサイダー）を使う場合、次の４つのタイプのインサイダーが狙われると言われている。

①悪意のある従業員……個人的利益を得るために、機密情報を得ようとする従業員
②不注意な従業員……飲食中に機密情報を話したり、パスワード管理を怠る従業員
③不満を持つ従業員……待遇や社内文化に不満を持つ、現役従業員や元従業員
④不注意な第三者……ビジネスパートナーや利害関係者による情報の誤用や不正アクセス

第３章で触れたケースを考えてみると、陸上自衛隊元幹部による情報漏洩事件は、

①に当てはまる。内閣情報調査室の職員によるロシアスパイへの情報提供は、①と③の重なるパターンだろう。不注意な人や不満を持つ人を組織から一掃することは不可能だから、これらの人々に社内規則や教育の徹底などで、抑止を働かせるほかない。

また、退職者と転職者もよく「ねらい目」と言われる。退職者は、特に利益につられやすい。本人が元の会社によほどの愛着を持っていない限り、金銭的魅力につられてしまう。ただでさえ、退職してこれまでとまったく違う生活が待っていて、精神的には不安定になりやすい。仕事のない日常、直面したことのない家族関係、膨大な「空き時間」、そして老後への不安。大きな「付け入るスキ」が開いている。

そこに、本人が持っている知識や技術をすべて競合他社に提供させよう（とダイレクトに言われることはない。「知識と経験を社会にもう一度役立て……」などと、きれいごとで誘う）とする人は、当然目をつける。本人が既に退職していることもあり、阻止することと自体が困難だ。もっとも、彼らは新たに情報を持ち出すことはあまりない。しかし、なかには現役社員とのコネクションを利用して、情報を引き出すケースもあるようだ。

そして転職者。そもそも転職を考えるくらいだから、所属する会社の体制や給与などに何かしらの不満を抱えている人がほとんどだ。つまり、上の類型でいえば、③ということになる。

多くの企業は、これを阻止するために「競合他社への再就職」を禁じている。だが、グループ企業などでは、これらの禁止事項もほとんど成立しない。なぜなら、グループ内のまったく関係ない部門での厚遇と引き換えに、競合他社の機密情報を提供させることができるからだ。勧誘されるのではなく、厚遇や金銭を得ることを目的に、自らスパイ行為を行って他者に「売りこむ」事例も存在している。

ＳＮＳ社会の難しさ

現代社会において、さらに問題をややこしくしているのは、ＳＮＳである。「ＯＳＩＮＴ」と呼ばれる公開情報分析は、軍事行動にすら応用されるに至っているが、実際のところ、インスタグラムに投稿された写真からプライベートを割り出すのは難しくないし、Ｘ（旧ツイッター）のようなテキスト型ＳＮＳには、本人の性格や会社などへの不満などの情報が「ダダ洩れ」と言っていい有様である。そして、スパイたちがそれに目をつけないはずはない。

たとえば、２０２０年10月、某社の元社員がスマホのタッチパネルに使われる「導電性微粒子」技術を中国・潮州三環グループにメールで送信し、不正競争防止法違反罪に問われるという事件があった。このときに中国企業のスパイが利用したのが、ビジネス特化型ＳＮＳであるリンクドインだった。これを通じて元社員に接触し、接待を重ねていた。

あるいは、国内電子機器メーカーに勤務していた中国人男性技術者が２０２２年、スマート農業の情報を日本から不正に持ち出したとして、警察当局が不正競争防止法違反容疑で捜査していた事件もそうである。ビニールハウスの室温管理などに関するプログラム情報が不正に持ち出されたのだが、ＳＮＳを通じて、中国にある企業の知人２人に情報を送信していたという。なお、この中国人男性は、中国共産党員かつ中国人民解放軍と接点があったことが、その後の調べでわかっている。

投稿者が見せたいものと、受け手が見ているものが、まったく違う可能性があることに、ＳＮＳのユーザーはもっと気を配ったほうがいいだろう。「うちの会社の秘密情報を公開しちゃいます！」などという愚かな投稿をする人はほとんどいないが、会社の愚痴や、あるいは仕事のちょっとした自慢によって、それがばれる。

たとえば、「打ち合わせで出張！」と外国の写真を投稿したとして、見る人が見れば、「ああ、この会社はT国に進出する気なのだな」とわかってしまう。趣味のサイクリングの写真を載せているつもりが、自転車の車種や装備品からはその人の経済事情が、行先の写真が複数並べば行動圏が把握できる。このようなことは基本だが、「自分の意図通りに人も受け取ってくれる」ことを疑っていないような投稿が非常に多い。実を言えば、スパイだけでなく、警察や民間の探偵業の調査では、こうした「うっかり投稿」が役に立ってしまうこともあるのだ。

スパイ活動防止法の必要性

中国の民間企業を標的としたスパイ活動からやや脱線したが、スパイは現在も、安全保障だけでなく経済的にも重大な脅威となっていることは理解していただけただろう。そして、本書で述べてきた通り、日本においても、外事警察が彼らに対峙している。特に、大使館などの在外公館が集中する東京を管轄する警視庁は、スパイとの戦いの最前線だ。

だが、第1章でも述べた通り、日本にはスパイ活動防止法がない。摘発するにしても、情報などについての窃盗罪や公務員の守秘義務違反などによらなければならない。これがなぜ問題かというと、「何かよからぬスパイ活動をしている」のは確実であっても、その「得ようとしている情報が何なのか」まで特定できなければ、捜査にも着手できないためだ。

2007年に海上自衛隊の護衛艦乗組員の配偶者（中国籍）が、イージス艦の迎撃システムなど800項の機密情報を含むファイルを不当所持していた容疑で検挙された際にも、当初の摘発理由は、入管難民法違反容疑だった。

あるいは、防衛庁技術研究本部の元技官が潜水艦の資料を持ち出し、中国に漏洩した事件でも、窃盗容疑だった。スパイ行為そのもので捜査・検挙できないとなると、こうならざるをえないのである。

そのために警視庁公安部が長い年月をかけて作り上げてきたのが監視や尾行の技術だ。そのレベルは、FBIの捜査官を凌駕《りょうが》するものだが、これを誇ってよいものだろうか。なぜなら、このような独自の進化が必要だったのは、現行犯逮捕で検挙するほかほとんど手段がなかったからだ。

国の安全を脅かすだけでなく、膨大な経済的コストを課すスパイ。「スパイ行為そのもので逮捕できないのは、世界で日本だけ」というのは言い過ぎだが、確かに主要国のほとんどは、少なくともスパイ罪を刑法などのなかに位置付けている。

具体的には、アメリカは連邦法794条に、フランスは刑法72条・73条に、スウェーデンも刑法第19章に、といったかたちだ。イギリスのように「国家安全保障法」として、別建ての立法措置をとっている国もある。

日本では、1985年に「スパイ防止法案」(国家秘密に係るスパイ行為等の防止に関する法律案)が国会で審議されたものの、廃案になっている。「戦前の特高警察のようになる」と、当時の最大野党である日本社会党だけでなく、自民党議員の一部も反対に回った。また、日本弁護士連合会(日弁連)やメディアの多くも反対キャンペーンを行った。「憲法が保障する表現や報道の自由に抵触する恐れがある」と主張された。

日中関係や日朝関係が厳しさを増してきた21世紀になり、ようやく必要性そのものは、理解されてきているのではないかと思われる。

たとえば、２０１４年には「特定秘密保護法」が施行された。この法律は、安全保障に関する機密情報のうち、特に秘匿する必要のあるものを「特定秘密」に指定し、取扱者の適正評価や漏洩した場合の罰則を定めている。だが、これは国家機密のごく一部を保護できるに過ぎない。これまで述べたように、スパイ事件は日本でも多発しており、これからそうした件数が減少すると思える根拠はない。

むしろ、米中対立あるいは米ロ対立によって、いっそう日本は厳しい環境下に置かれるだろう。「そうなってからでは遅い」ではなく、「もうそうなっている」というのが、本書での私のメッセージである。

安全と自由のトレードオフ

原理としては、安全と自由はトレードオフだ。それは事実である。

たとえばフランスは、スリも強盗も多い。テロもしばしば起きる。とはいっても、これらからの安全を過度に確保しようとすれば、凱旋門《がいせんもん》もオペラ座も観光できない。「適切なレベル」というものは常にあり、たとえば、イヤホンは外しておく、ド・ゴール空港からパリ市内に向かう鉄道「B線」は避ける、といった用心＝自由のコストを払って、安全を得るという程度がちょうどよいトレードオフになるはずだ。

あるいはナイジェリアは、スリ、強盗、テロ、いずれも多い。それも、自動小銃などで武装しており、犠牲もけた違いに大きくなる。すると、こちらではもっと多くの「自由のコスト」を払って、安全を得るのが適切なはずだ。つまり、ボディガードを雇う、移動用の車はあらかじめ用意しておく、徒歩での観光はしない、などである。

要は、「安全と自由はトレードオフ」といったところで、「ゼロかイチか」ではないのである。必要な安全に対して、自由を見合う分だけ「コスト」として支払う。最適なコストパフォーマンスはどこにあるかという議論を日本も始めていいはずだ。

アメリカやフランス、スウェーデンが、スパイ罪を有していることによって「言論の自由が著しく損なわれている」という人はいないだろう。つまり、これらの国は、法律によるベネフィットと、自由のコストがある程度、釣り合っているといえるだろう。

一方で、中国の反スパイ法や国家秘密保護法のように、規定の幅が非常に広く、かつ法執行も恣意的であれば、たしかに言論統制にもつながる。これは、「中国共産党にとっての安全」が、ひろく中国国民一般の「自由のコスト」によって賄われている状態だといってよい。これが異常なのは誰の目にも明らかだし、スパイ活動防止法が必要だと考えている日本人でも、中国のような状況が望ましいと思っている人はほとんどいないはずだ。

「我々はどのくらい自由のコストを支払い、安全のベネフィットを得るべきなのか」。この計算と合意形成を行うのは、国民と政治家の課題である。長らくその現場にいた私に言えることは、「もう少し安全のベネフィットが必要な時が来ているのではないか」ということだ。

あとがき

最後までお読みいただき、街を歩くとき、その風景や人波について見え方が少し変わられただろうか。スパイやテロリストが、そしてそれを追尾するスパイハンターたちが、どこかにいるかもしれない、そういうことが脳裏に少しでも浮かぶようになっていただけただろうか。

「外事警察という生き方」を本にしたいというお話をいただいたとき、「そんな地味なものに誰が関心を持つのだろう」と思った。本書をお読みいただいた読者の皆様には理解いただけたと思うのだが、スパイハンターたちにとっては「目立たない」のが仕事である。追跡するスパイに見つからないように尾行すること。情報漏洩の現場をそれとわからないように包囲し、おさえること。どれも「目立ったら終わり」である。

必然的に、彼らの「生き方」は地味なものにならざるを得ない。

ただそれが、日本という世界でも稀にみる自由でかつ安全な社会の維持に役立っていると、私は信じて業務を遂行してきた。安全なだけの社会なら、シンガポールやドバイがある。自由なだけなら、ニューヨークやパリがそうだろう。だが、日本のようなレベルで安全と自由が両立している社会は、世界でも類を見ないと言ってよい。いわばその「バックヤード」として警察は機能しており、なかでも外事警察は外部からの脅威になるべく静かに対処し続けている。そうした「生き方」の一端を、本書から読み取っていただければ幸いである。

警察人生を振り返るようにして書いてみて、やはり外務省に出向していた領事・警備対策官時代は、思い入れが深いことに、改めて気が付いた。それは、外の社会にどっぷり浸って、組織と社会の外の空気を吸い込めたというのが大きい。目立たないように生きてきた警察官が、外交という社交の場に現れ、政治・経済の要人とも知遇を得て、「井戸のなか」から出たからである。同時に、自分の組織と社会を相対的に眺め、良いところも悪いところも率直に見直せるようになったと思う。この経験が、ドラマ『VIVANT』の監修にもつながっているし、本書にもつながっている。

日本は素晴らしい国だし、しばしば不祥事が起きるとはいえ、警察の能力は、他の先進国と比べても高いレベルにある。「水と安全はタダ」だと日本人は思い込んでいるとよく言われるが、どちらも、それを可能にするリソースがあるからだ、とアフリカで執務しながら、しばしば思った。そして同時に、水も安全もきわどいバランスの上に成り立っているだけであることも思い知った。

だからこそ、本書で外事警察がどのように職務を遂行し、どのような脅威が現実に存在してきたか、事実に即して描いてみた。『VIVANT』はフィクションだが、こちらは現実である。いまのところ「タダ」のようにまだ手に入っている水と安全だが、それは法整備の不十分な各種機関の尽力(その意味では自衛隊と外事警察は似ているところがあるかもしれない)で成り立っている。そうした実情を、本書から垣間見ていただければ幸いである。

本書は、企画から校正にいたるまですべての面倒を見ていただいた、中央公論新社の金澤智之さんのご尽力なくして、成立しなかった。また、原稿作成にあたっては、星村聡史さんの多大なご助力を受けた。特に記して、お礼申し上げる。

そして、本書を手に取り、最後までお読みいただいた読者の皆様、ありがとうございました。

2024年10月

勝丸円覚

勝丸円覚（かつまる・えんかく）

1990年代半ばに警視庁に入庁し、2000年代はじめから公安・外事分野で経験を積む。数年前に退職し、現在はセキュリティコンサルタントとして国内外で活動を行う。TBSドラマ『VIVANT』では公安監修を担当。著書に『警視庁公安部外事課』（光文社）、『諜・無法地帯――暗躍するスパイたち』（実業之日本社）、『警視庁公安捜査官――スパイハンターの知られざるリアル』（幻冬舎新書）などがある。

公安外事警察《こうあんがいじけいさつ》の正体《しょうたい》

2024年12月10日　初版発行

著　者　勝《かつ》 丸《まる》 円《えん》 覚《かく》

発行者　安 部 順 一

発行所　中央公論新社

〒100-8152　東京都千代田区大手町1-7-1
電話　販売 03-5299-1730　編集 03-5299-1740
URL https://www.chuko.co.jp/

ＤＴＰ　今井明子
印　刷　大日本印刷
製　本　小泉製本

Published by CHUOKORON-SHINSHA, INC.
Printed in Japan　ISBN978-4-12-005863-9 C0036

定価はカバーに表示してあります。
落丁本・乱丁本はお手数ですが小社販売部宛にお送りください。
送料小社負担にてお取り替えいたします。

好評既刊

公安調査庁秘録
——日本列島に延びる中露朝の核の影

手嶋龍一
瀬下政行 著

東アジアの深層で生起する異変をいち早く察知するべく動く「公安調査庁」。中露朝が核戦力を背景に日本を窺う実態を、現職のインテリジェンス・オフィサーが初めて実名で明らかにする。

〈単行本〉